नैतिक शिक्षा और मूल्य प्रणाली

जापान की विद्यालय प्रणाली का पुनर्निर्माण

डॉ. मीनाक्षी बंसल

|| समस्त संसार के ज्ञान-प्रेमियों को समर्पित ||

जो सत्य की खोज में, ज्ञान की राह पर अग्रसर हैं।
जिनकी जिज्ञासा कभी थमती नहीं, और जिनका उद्देश्य केवल आत्मविकास ही
नहीं, बल्कि संसार के कल्याण का भी है—यह कृति उन सभी साधकों को सादर
अर्पित है।

क्रम-सूची

क्रम-सूची

प्रार्थना

ॐ भद्रं कर्णेभिः शृणुयाम देवाः।
भद्रं पश्येमाक्षभिर्यजत्राः।
स्थिरैरंगैस्तुष्टुवांसस्तनूभिः।
व्यशेम देवहितं यदायुः।
स्वस्ति न इंद्रो वृद्धश्रवाः।
स्वस्ति नः पूषा विश्ववेदाः।
स्वस्ति नस्ताक्ष्यॉ अरिष्टनेमिः।
स्वस्ति नो बृहस्पतिर्दधातु।
ॐ शांतिः शांतिः शांतिः।

यह मंत्र सार्वभौमिक कल्याण के लिए प्रार्थना है। इसमें विभिन्न देवताओं से सुरक्षा, स्वास्थ्य और सुख के लिए आशीर्वाद की याचना की गई है। यह मंत्र सभी इंद्रियों से शुभ का अनुभव करने और दिव्य उद्देश्य के साथ जीवन जीने के महत्व को रेखांकित करता है।

इंद्र, पूषा, ताक्ष्र्य (गरुड़) और बृहस्पति की कृपा से यह प्रार्थना जीवन में कल्याण और शांति की कामना करती है। अंत में "ॐ शांतिः शांतिः शांतिः" तीन बार दोहराने का अर्थ है - व्यक्तिगत, पर्यावरणीय, और वैश्विक स्तर पर शांति की गहन कामना। यह मंत्र शांति, समृद्धि और सभी प्राणियों के शारीरिक एवं आध्यात्मिक कल्याण के लिए पाठ किया जाता है।

॰◦৩

लेखिका के बारे में

डॉ. मीनाक्षी बंसल, जो भारत की राजधानी दिल्ली में जन्मीं, ने अपनी ज़िंदगी कला, शिक्षा, और समाज कल्याण के प्रति गहरी प्रतिबद्धता के साथ बिताई है। विवाह के बाद, उन्होंने अहमदाबाद, गुजरात को अपना नया निवास स्थान बनाया, जहाँ वे प्रेरणा का स्रोत बनकर उभरीं। डॉ. मीनाक्षी न केवल ललित कला की कुशल कलाकार हैं, बल्कि एक प्रतिष्ठित लेखिका, समर्पित समाजसेविका और मनोविज्ञान की विद्वान शोधकर्ता भी हैं। उनका जीवन, विशेष रूप से समाज के वंचित और पिछड़े बच्चों के उत्थान के प्रति समर्पण, सहभागिता और सहानुभूति की शक्ति में उनके गहरे विश्वास का परिचायक है।

अपने प्रारंभिक दिनों से ही मीनाक्षी ने पढ़ने के प्रति एक अदम्य लगन दिखाई। उनके साहित्यिक संसार में नैतिक कहानियाँ, प्रेरणादायक कथाएँ, और जीवन पाठों से परिपूर्ण पौराणिक गाथाएँ शामिल थीं। यह पढ़ने की आदत केवल व्यक्तिगत विकास के लिए नहीं थी, बल्कि छात्रों और सहकर्मियों के विकास के लिए इन कहानियों के सार को साझा करने की इच्छा से प्रेरित थी। वे विशेष रूप से आदि शंकराचार्य, स्वामी विवेकानंद, डॉ. एपीजे अब्दुल कलाम, महामना पंडित मदन मोहन मालवीय, महात्मा गांधी, सरदार वल्लभभाई पटेल, और विनोबा भावे जैसे ऐतिहासिक और आध्यात्मिक नेताओं के जीवन और शिक्षाओं से प्रभावित थीं। उनके विचार और जीवन कथाएँ मीनाक्षी को दृढ़ता, निःस्वार्थता और ज्ञान की खोज के आदर्शों को अपनाने के लिए प्रेरित करती रहीं।

डॉ. मीनाक्षी का मनोविज्ञान में शैक्षणिक और व्यावहारिक योगदान भी उल्लेखनीय है। एक शोधकर्ता के रूप में, उनका ध्यान मानव मन की जटिलता को समझने और मनोवैज्ञानिक कल्याण और सामाजिक समरसता के लिए संभावनाओं को उजागर करने पर केंद्रित रहा है। उनके सामाजिक कार्यों में, वे अपने अकादमिक ज्ञान को समाज के वंचित वर्गों के जीवन में वास्तविक परिवर्तन लाने के लिए उपयोग करती हैं। उनका समाज सेवा का दृष्टिकोण पारंपरिक ज्ञान और आधुनिक मनोवैज्ञानिक पद्धतियों का अनूठा संयोजन है, जो समाज के बहुआयामी मुद्दों का समाधान करता है।

उनकी कलात्मक प्रतिभाएँ, जो उनके विविध कौशल का एक और पहलू हैं, केवल व्यक्तिगत रुचि तक सीमित नहीं हैं। उनकी कला प्रतीकात्मकता और भावनात्मक गहराई से भरपूर होती है, जो उनके दार्शनिक विचारों और सामाजिक चिंताओं को व्यक्त करती है। उनकी रचनाएँ दर्शकों को उनके बुद्धिमत्ता और करुणा की गहराई में झांकने का अवसर प्रदान करती हैं।

कला और समाज विज्ञान के अतिरिक्त, डॉ. मीनाक्षी ने प्राणिक हीलिंग की उपचार कला में भी महारत हासिल की है, जिसे मास्टर चोआ कोक सुई ने विकसित किया था। यह पद्धति, जो शरीर और आभा को ठीक करने के लिए प्राण या जीवन ऊर्जा के उपयोग पर केंद्रित है, न केवल उनके लिए एक व्यक्तिगत खोज रही है, बल्कि दूसरों को उपचार प्रदान करने का एक माध्यम भी है। प्राणिक हीलिंग में उनकी दक्षता विभिन्न प्रकार के ध्यान सिखाने और अभ्यास के साथ पूरी होती है, जो व्यक्तियों और समुदायों में पुनरुत्थान, व्यक्तिगत विकास और समरसता के संवर्धन पर केंद्रित है।

डॉ. मीनाक्षी का जीवन केवल व्यक्तिगत उपलब्धियों की खोज नहीं है, बल्कि समाज के उत्थान और सशक्तिकरण के प्रति समर्पित एक यात्रा है। उनकी विविध रुचियाँ और प्रतिभाएँ—कला, साहित्य, मनोविज्ञान, और उपचार पद्धतियों को जोड़ती हुई—सेवा के एकमात्र पथ पर केंद्रित हैं। वे उन महान हस्तियों की भावना को आत्मसात करती हैं, जिन्होंने उन्हें प्रेरित किया, और अपने कार्यों और शिक्षाओं के माध्यम से उनकी विरासत को आगे बढ़ाती हैं। अपनी पुस्तकों, कला और सामाजिक पहलों के माध्यम से, वे नई पीढ़ी को आत्म-खोज, दृढ़ता और निःस्वार्थता की यात्रा पर चलने के लिए प्रेरित करती हैं।

समाज कल्याण के प्रति उनकी प्रतिबद्धता, विशेष रूप से वंचित बच्चों के उत्थान पर ध्यान केंद्रित करना, शिक्षा और व्यक्तिगत विकास की परिवर्तनकारी क्षमता की उनकी गहरी समझ को दर्शाती है। मनोविज्ञान, कलात्मक संवेदनशीलता और उपचार पद्धतियों के ज्ञान को जोड़कर, डॉ. बंसल ने एक समग्र दृष्टिकोण विकसित किया है जो न केवल तात्कालिक आवश्यकताओं बल्कि समुदायों की दीर्घकालिक भलाई को भी संबोधित करता है।

एक लेखिका के रूप में, डॉ. मीनाक्षी की रचनाएँ प्रेरणादायक अंतर्दृष्टियों,

व्यावहारिक ज्ञान और उनके विस्तृत अध्ययन और जीवन के अनुभवों से लिए गए चिंतनशील विचारों का मिश्रण प्रस्तुत करती हैं। उनकी पुस्तकें उन लोगों के लिए मार्गदर्शिका के रूप में कार्य करती हैं, जो जीवन की जटिलताओं को अनुग्रह, दृढ़ता और उद्देश्य के साथ नेविगेट करना चाहते हैं। अपनी कहानियों के माध्यम से, वे अपने पाठकों को अपने भीतर की गहराइयों का पता लगाने और समाज की सामूहिक भलाई में अर्थपूर्ण योगदान देने के लिए आमंत्रित करती हैं।

डॉ. मीनाक्षी बंसल में हमें एक अद्वितीय कलाकार, विद्वान, उपचारकर्ता और सामाजिक कार्यकर्ता का अद्भुत समन्वय मिलता है। उनका जीवन कार्य आशा का प्रतीक और दुनिया में बदलाव लाने की इच्छा रखने वाले व्यक्तियों के लिए प्रेरणा का स्रोत है। उनकी कहानी सहानुभूति और मानवता की भलाई के प्रति गहरी प्रतिबद्धता से प्रेरित व्यक्तिगत प्रयासों की शक्ति की एक प्रेरक याद दिलाती है। डॉ. मीनाक्षी की विरासत केवल उनके प्रयासों के ठोस परिणामों में नहीं है, बल्कि उस स्थायी जिज्ञासा, सहानुभूति और सेवा की भावना में है, जिसे वे प्रतिपादित करती हैं।

प्रस्तावना

इस पुस्तक "नीतिशास्त्र और मूल्य आधारित शिक्षा" को लिखने के लिए जिस मार्ग पर मैं चली, वह एक गहरी तात्कालिकता और आशा से भरा हुआ था। एक शिक्षिका और शोधकर्ता के रूप में, जो जापान के युवाओं के भविष्य में गहरी रुचि रखती हैं, मैंने शिक्षा की परिवर्तनकारी शक्ति को प्रत्यक्ष रूप से अनुभव किया है। फिर भी, मैंने अकादमिक सफलता और नैतिक मूल्यों एवं चरित्र के निर्माण के बीच बढ़ते disconnect को भी देखा है।

शैक्षणिक उत्कृष्टता की निरंतर खोज, जो निस्संदेह महत्वपूर्ण है, अक्सर सहानुभूति, करुणा, आलोचनात्मक सोच और सामाजिक जिम्मेदारी जैसे आवश्यक गुणों के विकास को पीछे छोड़ देती है। हमने एक ऐसी प्रणाली बनाई है जो मुख्य रूप से परीक्षा के अंकों और विश्वविद्यालय में प्रवेश के आधार पर सफलता को मापती है, जबकि हमारे बच्चों के समग्र विकास को नजरअंदाज करती है। इस संकीर्ण शैक्षणिक दृष्टिकोण ने न केवल छात्रों को आधुनिक दुनिया की जटिलताओं से निपटने के लिए कमजोर बना दिया है, बल्कि यह सामाजिक असमानताओं को भी बढ़ावा देता है और एक वास्तव में सामंजस्यपूर्ण समाज की रचना को रोकता है।

हाल के वर्षों में, जापान ने कई चुनौतियों का सामना किया है, जैसे आर्थिक ठहराव, जनसांख्यिकीय बदलाव, पर्यावरणीय चिंताएँ, और सामाजिक विखंडन। ये चुनौतियाँ ऐसे नए नेताओं की मांग करती हैं जो न केवल ज्ञानवान और कुशल हों, बल्कि नैतिक रूप से दृढ़ और अपने समुदायों और पृथ्वी के कल्याण के लिए प्रतिबद्ध हों। मेरा दृढ़ विश्वास है कि शिक्षा ऐसे नेताओं को तैयार करने की कुंजी है।

यह पुस्तक वर्षों के शोध, चिंतन, और शिक्षकों, छात्रों, अभिभावकों, और नीति निर्माताओं के साथ संवाद का परिणाम है। यह एक आह्वान है, जो हमें जापान के स्कूल प्रणाली की पुनर्कल्पना करने और अकादमिक प्रयासों के साथ-साथ नैतिक मूल्यों के विकास को प्राथमिकता देने के लिए प्रेरित करता है। यह एक खाका है, जो ऐसे स्कूलों का निर्माण करने के लिए प्रेरित करता है, जो न केवल ज्ञान प्रदान

करते हैं, बल्कि चरित्र का पोषण करते हैं, करुणा को प्रेरित करते हैं, और छात्रों को दुनिया में सकारात्मक बदलाव लाने के लिए सशक्त बनाते हैं।

इस पुस्तक के माध्यम से, मैं नैतिक और मूल्य आधारित शिक्षा के विभिन्न पहलुओं की खोज करती हूँ। मैं एक सहायक और समावेशी शिक्षण वातावरण को बढ़ावा देने के महत्व पर प्रकाश डालती हूँ, जहाँ छात्र अपनी राय व्यक्त करने और अपने मूल्यों का पता लगाने के लिए सुरक्षित महसूस करें। मैं पाठ्यक्रम में नैतिक चर्चाओं और दुविधाओं को शामिल करने की आवश्यकता पर चर्चा करती हूँ, जिससे छात्रों को जटिल मुद्दों से जूझने और अपने नैतिक दिशासूचक यंत्र को विकसित करने के अवसर मिलें। मैं अनुभवात्मक शिक्षा के महत्व पर जोर देती हूँ, जहाँ छात्र अपने ज्ञान और कौशल को वास्तविक दुनिया के संदर्भ में लागू कर सकें और सामाजिक जिम्मेदारी की भावना विकसित कर सकें।

मैं शिक्षकों की भूमिका को मार्गदर्शक और आदर्श के रूप में भी देखती हूँ, जो छात्रों को उनके नैतिक यात्रा में निर्देशित करते हैं। मैं मूल्यों की शिक्षा में माता-पिता की भूमिका के महत्व पर चर्चा करती हूँ, जो घर और समुदाय में नैतिक शिक्षा का समर्थन करते हैं। मैं इस बात पर जोर देती हूँ कि स्कूलों को अपने समुदायों से जुड़ना चाहिए, छात्रों को विविध दृष्टिकोणों के साथ जुड़ने और अपने समाज के कल्याण में योगदान करने के अवसर प्रदान करना चाहिए।

इसके अलावा, मैं एक परस्पर जुड़े विश्व में वैश्विक नागरिकता के महत्व को संबोधित करती हूँ, प्रौद्योगिकी के नैतिक निहितार्थों और पर्यावरणीय जिम्मेदारी की आवश्यकता पर जोर देती हूँ। मैं विविधता और समावेशन के मूल्य पर चर्चा करती हूँ, सभी आवाजों को महत्व देने और एक अधिक न्यायपूर्ण और समान समाज बनाने के महत्व को रेखांकित करती हूँ। मैं सामाजिक न्याय की अवधारणा में गहराई से जाती हूँ, छात्रों को परिवर्तनकारी एजेंट बनने और प्रणालीगत असमानताओं को चुनौती देने के लिए सशक्त बनाती हूँ।

अंततः, मैं भविष्य की एक दृष्टि प्रस्तुत करती हूँ, जहाँ नैतिक स्कूल जीवंत समुदायों के रूप में मूल्यों, चरित्र और सामाजिक जिम्मेदारी का पोषण करते हैं। मैं व्यावहारिक सिफारिशें देती हूँ कि हम अपने स्कूलों को ऐसे स्थानों में कैसे बदल सकते हैं, जहाँ छात्र न केवल सीखते हैं, बल्कि नैतिक व्यक्ति और करुणामय

नागरिक के रूप में भी विकसित होते हैं।

मेरा आशा है कि यह पुस्तक जापान में नैतिक और मूल्य आधारित शिक्षा के महत्व पर एक राष्ट्रीय चर्चा को प्रेरित करेगी। मेरी आकांक्षा है कि यह शिक्षकों, नीति निर्माताओं, माता-पिता और छात्रों को एक साथ काम करने के लिए प्रेरित करेगी ताकि सभी के लिए एक अधिक न्यायपूर्ण, समान और टिकाऊ भविष्य बनाया जा सके। मेरा मानना है कि हमारे स्कूल प्रणाली की पुनर्कल्पना करके और नैतिक शिक्षा को प्राथमिकता देकर, हम अगली पीढ़ी को ऐसे नेता और परिवर्तनकर्ता बनने के लिए सशक्त बना सकते हैं, जिसकी दुनिया को सख्त जरूरत है।

नैतिक स्कूलों की ओर यात्रा आसान नहीं होगी। यह हमारी मानसिकता में एक मौलिक बदलाव, पारंपरिक मानदंडों को चुनौती देने की इच्छा, और सहयोग और नवाचार के प्रति प्रतिबद्धता की आवश्यकता होगी। हालाँकि, मुझे विश्वास है कि एक साथ काम करके, हम अपने बच्चों और अपने देश के लिए एक उज्जवल भविष्य बना सकते हैं। परिवर्तन का समय अब है। आइए इस चुनौती को स्वीकार करें और नैतिक शिक्षा की एक विरासत बनाएं जो आने वाली पीढ़ियों को प्रेरित करेगी।

डॉ. मीनाक्षी बंसल
सामाजिक कार्यकर्ता
अहमदाबाद, गुजरात, भारत

1

शैक्षणिक सीमाओं से परे: नैतिक शिक्षा का केंद्र

शिक्षा को लंबे समय से सामाजिक प्रगति का आधार माना गया है, जो मस्तिष्कों को विकसित करने और आने वाली पीढ़ियों को भविष्य की चुनौतियों और अवसरों के लिए तैयार करने का साधन है। हालांकि, बढ़ती सहमति यह मानती है कि शिक्षा केवल शैक्षणिक उपलब्धियों तक सीमित नहीं रहनी चाहिए, बल्कि नैतिक मूल्यों और सिद्धांतों के विकास को भी समाहित करना चाहिए। जापान की शिक्षा प्रणाली के संदर्भ में, जो अपनी कठोरता और शैक्षणिक उत्कृष्टता पर जोर देने के लिए प्रसिद्ध है, एक बदलाव हो रहा है, जिसमें नैतिकता और मूल्यों को मुख्य पाठ्यक्रम में शामिल किया जा रहा है। यह अध्याय नैतिक शिक्षा के सार में गहराई से उतरता है, इसके महत्व, घटकों और समग्र व्यक्तित्व निर्माण और सामंजस्यपूर्ण समाज पर इसके संभावित प्रभाव की खोज करता है।

नैतिक शिक्षा का मूल ज्ञान और कौशल की प्राप्ति से परे है। इसका उद्देश्य नैतिक सोच, सहानुभूति, और स्वयं तथा दूसरों के प्रति जिम्मेदारी की भावना को बढ़ावा देना है। जबकि शैक्षणिक विषय दुनिया के बारे में ज्ञान प्रदान करते हैं, नैतिक शिक्षा जटिल नैतिक दुविधाओं को समझने और अपने मूल्यों के अनुरूप निर्णय लेने की बुद्धिमत्ता देती है। एक तेजी से बदलती और परस्पर जुड़ी हुई दुनिया में, नैतिक विचार सबसे महत्वपूर्ण हैं। जलवायु परिवर्तन, सामाजिक असमानता,

तकनीकी प्रगति, और वैश्वीकरण जैसे मुद्दे ऐसे व्यक्तियों की मांग करते हैं जो गंभीरता से सोच सकें, जिम्मेदारी से कार्य कर सकें और सामान्य भलाई में योगदान दे सकें। नैतिक शिक्षा छात्रों को इन चुनौतियों का समाधान करने के उपकरण प्रदान करती है, वैश्विक नागरिकता की भावना को बढ़ावा देती है और नैतिक निर्णय लेने की प्रतिबद्धता को प्रोत्साहित करती है।

जापान की शिक्षा प्रणाली परंपरागत रूप से शैक्षणिक कठोरता और अनुशासन पर जोर देती रही है, जो अक्सर परीक्षा के अंकों और विश्वविद्यालय में प्रवेश को प्राथमिकता देती है। हालांकि, हाल के वर्षों में शैक्षणिक प्रयासों के साथ-साथ नैतिक मूल्यों को पोषित करने की आवश्यकता को बढ़ती स्वीकृति मिली है। शिक्षा, संस्कृति, खेल, विज्ञान, और प्रौद्योगिकी मंत्रालय (MEXT) ने नैतिक शिक्षा को बढ़ावा देने के लिए विभिन्न पहलों की शुरुआत की है, जिसमें चरित्र निर्माण, सामाजिक जिम्मेदारी, और दूसरों के प्रति सम्मान पर जोर दिया गया है। "इकिकाता," जिसका अनुवाद "जीवन का तरीका" है, इस दृष्टिकोण का केंद्रीय विचार है। यह छात्रों को अपने मूल्यों, जीवन के उद्देश्य, और समाज में योगदान पर चिंतन करने के लिए प्रोत्साहित करता है।

स्कूली पाठ्यक्रम में नैतिक शिक्षा को एकीकृत करने के लिए एक बहुआयामी दृष्टिकोण की आवश्यकता होती है। सबसे पहले, इसमें एक सहायक और समावेशी शिक्षण वातावरण बनाना शामिल है, जो खुले संवाद और विविध दृष्टिकोणों के प्रति सम्मान को प्रोत्साहित करता है। शिक्षक नैतिक व्यवहार को प्रदर्शित करने और नैतिक दुविधाओं पर चर्चा को सुगम बनाने में महत्वपूर्ण भूमिका निभाते हैं। वे आलोचनात्मक सोच को बढ़ावा देने और सहानुभूति को प्रेरित करने के लिए वास्तविक जीवन के उदाहरण, केस स्टडी, और साहित्य का उपयोग कर सकते हैं। इसके अलावा, नैतिक शिक्षा को विशिष्ट विषयों या पाठों तक सीमित नहीं किया जाना चाहिए। इसे पूरे स्कूल अनुभव में व्याप्त होना चाहिए, कक्षा की बातचीत से लेकर पाठ्येतर गतिविधियों तक। स्कूल छात्र परिषद, स्वयंसेवी कार्यक्रम, और सामुदायिक भागीदारी पहल स्थापित कर सकते हैं जो छात्रों को नैतिक निर्णय लेने और सामाजिक जिम्मेदारी का अभ्यास करने के अवसर प्रदान करते हैं।

नैतिक शिक्षा को लागू करने में प्रमुख चुनौतियों में से एक मुख्य मूल्यों के

एक समूह को परिभाषित करना और उस पर सहमति बनाना है। जापान, अपने समृद्ध सांस्कृतिक विरासत और दार्शनिक परंपराओं के साथ, उपयोग करने के लिए संसाधनों की प्रचुरता प्रदान करता है। ईमानदारी, करुणा, बुजुर्गों के प्रति सम्मान, और प्रकृति के साथ सामंजस्य जैसे विचार जापानी संस्कृति में गहराई से समाहित हैं। हालांकि, यह समाज में मूल्यों की विविधता को स्वीकार करना और एक समावेशी दृष्टिकोण को बढ़ावा देना महत्वपूर्ण है जो व्यक्तिगत अंतर को सम्मानित करता है, जबकि नैतिक सिद्धांतों की एक साझा समझ को बढ़ावा देता है।

नैतिक शिक्षा के लाभ कक्षा की दीवारों से कहीं आगे तक फैले हुए हैं। जिन छात्रों ने नैतिक शिक्षा का अनुभव किया है, वे अधिक सामाजिक व्यवहार प्रदर्शित करने, नागरिक गतिविधियों में भाग लेने, और अपने व्यक्तिगत और व्यावसायिक जीवन में नैतिक विकल्प बनाने की संभावना रखते हैं। वे जटिल नैतिक दुविधाओं को समझने, संघर्षों को शांति से सुलझाने, और एक अधिक न्यायपूर्ण और समान समाज में योगदान करने में बेहतर रूप से सक्षम होते हैं। इसके अलावा, नैतिक शिक्षा का छात्रों के मानसिक और भावनात्मक कल्याण पर सकारात्मक प्रभाव पड़ सकता है। आत्म-जागरूकता, सहानुभूति, और उद्देश्य की भावना को बढ़ावा देकर, यह तनाव, चिंता, और अवसाद को कम कर सकती है, लचीलापन और समग्र जीवन संतोष को बढ़ावा दे सकती है।

निष्कर्ष रूप में, शिक्षा में नैतिकता और मूल्यों को एकीकृत करना व्यक्तियों के समग्र विकास और सामंजस्यपूर्ण समाज के निर्माण के लिए आवश्यक है। शैक्षणिक सीमाओं से आगे बढ़कर और चरित्र निर्माण, नैतिक तर्क, और सामाजिक जिम्मेदारी पर जोर देकर, नैतिक शिक्षा छात्रों को आधुनिक दुनिया की जटिलताओं को समझने और उन नैतिक विकल्पों को बनाने के लिए उपकरण प्रदान करती है जो उन्हें, उनके समुदायों, और ग्रह को लाभान्वित करते हैं। जापान के संदर्भ में, जो अपनी समृद्ध सांस्कृतिक विरासत और शैक्षणिक उत्कृष्टता पर जोर देता है, नैतिक शिक्षा का एकीकरण व्यक्तियों के समग्र विकास को बढ़ावा देने के लिए एक आशाजनक रास्ता प्रस्तुत करता है, जो न केवल जानकार हैं, बल्कि दयालु, जिम्मेदार, और सभी के लिए एक बेहतर भविष्य बनाने के लिए प्रतिबद्ध हैं।

෴

शिक्षा केवल मस्तिष्क को भरने के बारे में नहीं है; यह दिलों को प्रज्वलित करने के बारे में है। आइए छात्रों को नैतिक मूल्यों को अपनाने और करुणामय नेता बनने के लिए सशक्त बनाएं, जो एक उज्जवल भविष्य का निर्माण करें। याद रखें, सच्चा ज्ञान केवल जानने के बारे में नहीं है; यह सही काम करने के बारे में है।

2

कक्षा में मूल्य: सिर्फ शब्दों से परे

कक्षा केवल शैक्षणिक शिक्षा का स्थान नहीं है; यह समाज का एक सूक्ष्म रूप है, जहाँ युवा मन विकसित होते हैं और मूल्य स्थापित किए जाते हैं। मूल्य, वे मार्गदर्शक सिद्धांत हैं जो हमारे विश्वासों, दृष्टिकोणों, और व्यवहारों को आकार देते हैं, व्यक्तित्व के समग्र विकास और सामंजस्यपूर्ण समाज के लिए मूलभूत हैं। शिक्षा के संदर्भ में, मूल्य केवल ब्लैकबोर्ड पर लिखे शब्द नहीं हैं; वे अदृश्य धागे हैं जो सार्थक शिक्षण अनुभव के ताने-बाने को जोड़ते हैं।

मूल्य शिक्षा कोई नया विचार नहीं है, लेकिन हाल के वर्षों में इसका महत्व फिर से बढ़ा है। एक तेजी से जटिल और परस्पर जुड़े हुए विश्व में, जहाँ नैतिक दुविधाएँ प्रचुर मात्रा में हैं और सामाजिक चुनौतियाँ नवोन्मेषी समाधानों की मांग करती हैं, मूल्यों का विकास अत्यंत आवश्यक हो गया है। ईमानदारी, सम्मान, जिम्मेदारी, करुणा, और निष्पक्षता जैसे मूल्य एक नैतिक दिशा-निर्देश प्रदान करते हैं, जो व्यक्तियों को उचित निर्णय लेने, स्वस्थ संबंध बनाने, और समाज के उत्थान में योगदान देने में मदद करते हैं।

कक्षा में मूल्य शिक्षा कई रूप ले सकती है। इसे पाठ्यक्रम में चर्चाओं, भूमिका-निर्माण गतिविधियों, केस स्टडीज, और साहित्य के माध्यम से शामिल किया जा सकता है। शिक्षक नैतिक व्यवहार का उदाहरण प्रस्तुत कर सकते हैं और छात्रों को अपने मूल्यों और विश्वासों पर चिंतन करने के लिए प्रेरित कर सकते हैं। वे

एक सुरक्षित और समावेशी वातावरण बना सकते हैं, जहाँ विविध दृष्टिकोणों का सम्मान किया जाए और छात्र अपनी राय व्यक्त करने के लिए सशक्त महसूस करें।

मूल्य शिक्षा नैतिक निर्देश तक सीमित नहीं है। यह उन विभिन्न सिद्धांतों को समाहित करती है जो व्यक्तिगत विकास, सामाजिक एकता, और पर्यावरणीय स्थिरता में योगदान करते हैं। उदाहरण के लिए, जिज्ञासा और सीखने के प्रति प्रेम को बढ़ावा देना ज्ञान और आत्म-सुधार के प्रति आजीवन जुनून स्थापित कर सकता है। टीम वर्क और सहयोग को प्रोत्साहित करना छात्रों को सहयोग और साझा जिम्मेदारी के महत्व को सिखा सकता है। रचनात्मकता और आलोचनात्मक सोच को प्रोत्साहित करना छात्रों को धारणाओं को चुनौती देने, नए विचारों का पता लगाने, और समस्याओं के नवोन्मेषी समाधान खोजने के लिए सशक्त बना सकता है।

जापान में, मूल्य शिक्षा की एक दीर्घकालिक परंपरा है। "टोकुबेत्सु कात्सुदो," या विशेष गतिविधियों का विचार, शैक्षणिक उपलब्धियों के साथ-साथ चरित्र और सामाजिक कौशल के विकास पर जोर देता है। ये गतिविधियाँ, जिनमें खेल, क्लब, और स्वयंसेवा कार्य शामिल हैं, छात्रों को टीम वर्क, नेतृत्व, और सामुदायिक भागीदारी का अभ्यास करने के अवसर प्रदान करती हैं। जापानी शिक्षा प्रणाली नैतिक शिक्षा पर भी जोर देती है, जिसमें "डोतोकु" (नैतिकता) और "शाकाई" (सामाजिक अध्ययन) जैसे विषय नैतिक दुविधाओं का पता लगाते हैं और सामाजिक जिम्मेदारी को बढ़ावा देते हैं।

हालाँकि, जापान में मूल्य शिक्षा चुनौतियों का सामना करती है। शैक्षणिक उपलब्धियों और सामंजस्य पर जोर कभी-कभी व्यक्तिगतता और आलोचनात्मक सोच को दबा सकता है। प्रवेश परीक्षाओं में सफल होने का दबाव तनाव और चिंता को जन्म दे सकता है, जिससे छात्रों के समग्र विकास में बाधा आ सकती है। इसके अलावा, पारंपरिक मूल्य जो लंबे समय से जापानी समाज को आकार देते हैं, वैश्वीकरण और तकनीकी प्रगति से चुनौतीपूर्ण हो रहे हैं।

इन चुनौतियों का समाधान करने के लिए, जापानी शिक्षक मूल्य शिक्षा के नए दृष्टिकोणों का पता लगा रहे हैं। कुछ स्कूल अधिक अनुभवात्मक शिक्षण विधियों,

जैसे प्रोजेक्ट-आधारित शिक्षा और सेवा-आधारित शिक्षा को अपना रहे हैं, जो छात्रों को अपने ज्ञान और कौशल को वास्तविक दुनिया के संदर्भ में लागू करने की अनुमति देती हैं। अन्य कक्षा में प्रौद्योगिकी को एकीकृत कर रहे हैं, छात्रों को विविध दृष्टिकोणों और वैश्विक मुद्दों से जोड़ने के लिए ऑनलाइन संसाधनों और सोशल मीडिया का उपयोग कर रहे हैं।

मूल्य शिक्षा के लाभ अनेक हैं। जिन छात्रों ने मूल्य शिक्षा का अनुभव किया है, वे अधिक सामाजिक व्यवहार प्रदर्शित करने, नागरिक गतिविधियों में भाग लेने, और अपने व्यक्तिगत और व्यावसायिक जीवन में नैतिक विकल्प बनाने की संभावना रखते हैं। वे जटिल नैतिक दुविधाओं को समझने, संघर्षों को शांति से सुलझाने, और एक अधिक न्यायपूर्ण और समान समाज में योगदान करने में बेहतर रूप से सक्षम होते हैं। इसके अलावा, मूल्य शिक्षा का छात्रों के मानसिक और भावनात्मक कल्याण पर सकारात्मक प्रभाव पड़ सकता है। आत्म-जागरूकता, सहानुभूति, और उद्देश्य की भावना को बढ़ावा देकर, यह तनाव, चिंता, और अवसाद को कम कर सकती है, लचीलापन और समग्र जीवन संतोष को बढ़ावा दे सकती है।

निष्कर्ष रूप में, कक्षा में मूल्य केवल शब्द नहीं हैं; वे चरित्र के निर्माण खंड, एक पूर्ण जीवन की नींव, और एक सामंजस्यपूर्ण समाज की कुंजी हैं। पाठ्यक्रम में मूल्य शिक्षा को एकीकृत करके, एक सहायक और समावेशी शिक्षण वातावरण को बढ़ावा देकर, और नैतिक व्यवहार का उदाहरण प्रस्तुत करके, शिक्षक छात्रों को जिम्मेदार, करुणामय, और संलग्न नागरिक बनने के लिए सशक्त बना सकते हैं, जो दुनिया में सकारात्मक बदलाव लाने के लिए प्रतिबद्ध हैं। जैसे-जैसे जापान 21वीं सदी की चुनौतियों और अवसरों को नेविगेट करता है, मूल्य शिक्षा अगली पीढ़ी के नेताओं, नवोन्मेषकों, और परिवर्तनकर्ताओं को आकार देने में एक महत्वपूर्ण भूमिका निभाएगी।

कक्षा केवल तथ्यों को सीखने का स्थान नहीं है; यह चरित्र विकास के लिए एक धातुकर्म स्थान है। सहयोग को बढ़ावा देकर और सभी आवाजों को महत्व देकर, हम सहानुभूतिपूर्ण और सामाजिक रूप से जिम्मेदार नागरिकों की एक पीढ़ी का पोषण कर सकते हैं। यह इस मान्यता से शुरू होता है कि हर छात्र का एक अनूठा दृष्टिकोण है और एक मूल्यवान योगदान देने की क्षमता है।

3

एक नया पाठ्यक्रम: ज्ञान के साथ-साथ चरित्र का शिक्षण

शिक्षा के निरंतर विकसित हो रहे परिदृश्य में एक मौलिक बदलाव हो रहा है—यह मान्यता कि चरित्र का विकास उतना ही महत्वपूर्ण है जितना कि ज्ञान की प्राप्ति। यह दृष्टिकोण एक नए पाठ्यक्रम को जन्म दे रहा है, जो ज्ञान के साथ-साथ चरित्र को सिखाने का प्रयास करता है, छात्रों को न केवल शैक्षणिक सफलता के लिए बल्कि उद्देश्यपूर्ण, सार्थक, और नैतिक निर्णय लेने वाले जीवन के लिए तैयार करता है।

पारंपरिक शिक्षा मॉडल, जो रटने, मानकीकृत परीक्षणों और सफलता की संकीर्ण परिभाषाओं पर जोर देता है, अक्सर सहानुभूति, दृढ़ता, सत्यनिष्ठा, और सामाजिक जिम्मेदारी जैसे चरित्र गुणों के विकास को अनदेखा करता है। हालांकि, एक ऐसी दुनिया में जहाँ जलवायु परिवर्तन, सामाजिक असमानता, और राजनीतिक ध्रुवीकरण जैसी जटिल चुनौतियाँ हैं, ये गुण पहले से कहीं अधिक आवश्यक हैं।

एक नया पाठ्यक्रम, जो ज्ञान की प्राप्ति के साथ-साथ चरित्र शिक्षा को प्राथमिकता देता है, इस बात को स्वीकार करता है कि छात्र केवल जानकारी से भरे जाने वाले पात्र नहीं हैं, बल्कि जटिल व्यक्ति हैं जिनकी अपनी ताकत, कमजोरियाँ,

और आकांक्षाएँ होती हैं। यह उनके बौद्धिक जिज्ञासा, रचनात्मकता, और आलोचनात्मक सोच कौशल को पोषित करने का प्रयास करता है, साथ ही उनकी भावनात्मक बुद्धिमत्ता, सामाजिक जागरूकता, और नैतिक दृष्टिकोण को भी बढ़ावा देता है।

इस दृष्टिकोण में यह पुनर्विचार शामिल है कि हम क्या सिखाते हैं और इसे कैसे सिखाते हैं। केवल शैक्षणिक विषयों पर ध्यान केंद्रित करने के बजाय, नया पाठ्यक्रम चरित्र शिक्षा को सीखने के अनुभव के हर पहलू में शामिल करता है। शिक्षक शिक्षण के सहायक बन जाते हैं, जो छात्रों को अपने मूल्यों, विश्वासों, और पहचानों की खोज करने के लिए मार्गदर्शन करते हैं। वे छात्रों को प्रश्न पूछने, धारणाओं को चुनौती देने, और अपने साथियों के साथ सार्थक संवाद में संलग्न होने के लिए प्रोत्साहित करते हैं।

नया पाठ्यक्रम अनुभवात्मक शिक्षण पर भी जोर देता है, छात्रों को अपने ज्ञान और कौशल को वास्तविक जीवन के संदर्भों में लागू करने के अवसर प्रदान करता है। सेवा-आधारित शिक्षण परियोजनाओं, इंटर्नशिप, और सामुदायिक भागीदारी पहलों के माध्यम से, छात्र सामाजिक जिम्मेदारी की भावना और अपने चारों ओर की दुनिया की गहरी समझ विकसित करते हैं। वे दूसरों के साथ सहयोग करना, समस्याओं को रचनात्मक रूप से हल करना, और अपने समुदायों और पर्यावरण को प्रभावित करने वाले नैतिक निर्णय लेना सीखते हैं।

इस नए पाठ्यक्रम में आकलन मानकीकृत परीक्षणों और अंकों से परे जाता है। यह छात्रों के सहानुभूति, दृढ़ता, और नेतृत्व जैसे चरित्र गुणों में वृद्धि को मापने पर ध्यान केंद्रित करता है। शिक्षक आत्म-चिंतन पत्रिकाओं, सहपाठी प्रतिक्रिया, और पोर्टफोलियो सहित विभिन्न आकलन उपकरणों का उपयोग करते हैं, जिससे प्रत्येक छात्र के विकास की समग्र समझ प्राप्त होती है। यह दृष्टिकोण न केवल छात्र सीखने की अधिक सटीक तस्वीर प्रदान करता है, बल्कि छात्रों को अपने विकास और वृद्धि की जिम्मेदारी लेने के लिए भी प्रोत्साहित करता है।

ज्ञान के साथ-साथ चरित्र को सिखाने के लाभ अनेक हैं। जिन छात्रों ने चरित्र शिक्षा का अनुभव किया है, वे अधिक सामाजिक व्यवहार प्रदर्शित करने, नागरिक गतिविधियों में भाग लेने, और अपने व्यक्तिगत और व्यावसायिक जीवन में

नैतिक विकल्प बनाने की संभावना रखते हैं। वे जटिल नैतिक दुविधाओं को समझने, संघर्षों को शांति से सुलझाने, और एक अधिक न्यायपूर्ण और समान समाज में योगदान करने में बेहतर रूप से सक्षम होते हैं। इसके अलावा, चरित्र शिक्षा का छात्रों के मानसिक और भावनात्मक कल्याण पर सकारात्मक प्रभाव पड़ सकता है। आत्म-जागरूकता, सहानुभूति, और उद्देश्य की भावना को बढ़ावा देकर, यह तनाव, चिंता, और अवसाद को कम कर सकती है, लचीलापन और समग्र जीवन संतोष को बढ़ावा दे सकती है।

चरित्र को ज्ञान के साथ सिखाने वाले एक नए पाठ्यक्रम का कार्यान्वयन चुनौतियों से मुक्त नहीं है। इसके लिए शिक्षकों, माता-पिता, और नीति निर्माताओं के बीच मानसिकता में एक मौलिक बदलाव की आवश्यकता होती है। यह शिक्षकों के लिए पेशेवर विकास और निरंतर समर्थन की प्रतिबद्धता भी मांगता है। हालाँकि, संभावित लाभ महत्वपूर्ण हैं। छात्रों के चरित्र विकास में निवेश करके, हम अपने समाज के भविष्य में निवेश कर रहे हैं।

यह नया पाठ्यक्रम शिक्षा के लिए एक साहसिक दृष्टि का प्रतिनिधित्व करता है, जो ज्ञान और चरित्र की परस्पर संबद्धता को पहचानता है। यह शिक्षकों, नीति निर्माताओं, और समुदायों के लिए एक आह्वान है कि वे एक साथ काम करें, ऐसे सीखने के माहौल बनाएँ जो पूरे बच्चे का पोषण करें, उन्हें न केवल शैक्षणिक सफलता के लिए बल्कि उद्देश्यपूर्ण, सार्थक, और नैतिक निर्णय लेने वाले जीवन के लिए तैयार करें। एक दुनिया जो तेजी से जटिल और परस्पर जुड़ी हुई है, उसमें आलोचनात्मक रूप से सोचने, करुणामय होकर कार्य करने, और नैतिक विकल्प बनाने की क्षमता पहले से कहीं अधिक महत्वपूर्ण है। ज्ञान के साथ चरित्र को सिखाकर, हम अगली पीढ़ी को अपने लिए और दुनिया के लिए एक बेहतर भविष्य बनाने के लिए सशक्त कर रहे हैं।

शैक्षणिक उत्कृष्टता की खोज सराहनीय है, लेकिन यह नैतिक मूल्यों के विकास के बिना अधूरी है। आइए ऐसे स्कूलों का निर्माण करने का प्रयास करें, जहाँ छात्र न केवल सफल होना सीखें बल्कि सेवा करना भी सीखें। याद रखें, सच्ची सफलता केवल अंकों से नहीं मापी जाती; यह उस सकारात्मक प्रभाव से मापी जाती है जो हम दुनिया पर डालते हैं।

4

प्रतियोगिता से सहयोग की ओर: विद्यालय संस्कृति का पुनर्विचार

शिक्षा के प्रतिष्ठित गलियारों को लंबे समय से प्रतिस्पर्धा की भावना से जोड़ा गया है। सर्वोच्च ग्रेड प्राप्त करने से लेकर प्रतिष्ठित विश्वविद्यालयों में सीमित स्थानों के लिए संघर्ष तक, छात्रों ने अक्सर खुद को ऐसे माहौल में पाया है जहाँ व्यक्तिगत उपलब्धि सर्वोपरि है। यद्यपि स्वस्थ प्रतिस्पर्धा उत्कृष्टता को प्रोत्साहित कर सकती है, व्यक्तिगत सफलता पर अत्यधिक जोर विद्यालय की संस्कृति में तनाव, चिंता, और अलगाव को बढ़ावा दे सकता है। हाल के वर्षों में, विद्यालय संस्कृति को पुनः परिभाषित करने की आवश्यकता को लेकर एक बढ़ती मान्यता हुई है, जिसमें प्रतिस्पर्धा पर आधारित मॉडल से हटकर सहयोग को अपनाने की बात की जा रही है। यह बदलाव केवल शिक्षण की पद्धति में परिवर्तन नहीं है, बल्कि यह इस बात में एक मौलिक परिवर्तन है कि हम सीखने को कैसे देखते हैं और अगली पीढ़ी को आकार देने में इसकी भूमिका को कैसे समझते हैं।

पारंपरिक शिक्षा मॉडल, जिसे अक्सर "कारखाना मॉडल" कहा जाता है, छात्रों को ज्ञान के निष्क्रिय प्राप्तकर्ता के रूप में देखता है, जिनकी सफलता उनके साथियों को पीछे छोड़ने की क्षमता से मापी जाती है। इस मॉडल की आलोचना मानकीकृत परीक्षणों पर जोर देने, व्यक्तिगत सीखने की शैलियों की उपेक्षा करने,

और रचनात्मकता और आलोचनात्मक सोच को बाधित करने के लिए की गई है। ऐसे माहौल में, छात्रों को अक्सर एक-दूसरे के खिलाफ खड़ा किया जाता है, ग्रेड, पहचान, और सीमित संसाधनों के लिए प्रतिस्पर्धा करते हुए। यह अलगाव, चिंता, और छात्रों के बीच यहां तक कि शत्रुता की भावना पैदा कर सकता है।

इसके विपरीत, एक सहयोगी विद्यालय संस्कृति टीम वर्क, सहयोग, और पारस्परिक समर्थन के महत्व पर जोर देती है। यह मानती है कि सीखना एक सामाजिक प्रक्रिया है, जहाँ छात्र न केवल अपने शिक्षकों से बल्कि एक-दूसरे से भी सीखते हैं। एक सहयोगी माहौल में, छात्रों को विचार साझा करने, परियोजनाओं पर मिलकर काम करने, और अपनी सीखने की यात्रा में एक-दूसरे का समर्थन करने के लिए प्रोत्साहित किया जाता है। यह न केवल समुदाय और आत्मीयता की भावना को बढ़ावा देता है, बल्कि छात्रों को आधुनिक कार्यस्थल की सहयोगी प्रकृति के लिए भी तैयार करता है।

सहयोगी विद्यालय संस्कृति के लाभ अनेक हैं। अध्ययनों से पता चला है कि सहयोगी माहौल में सीखने वाले छात्र उच्च स्तर की शैक्षणिक उपलब्धि, अधिक आत्म-सम्मान, और मजबूत सामाजिक कौशल प्रदर्शित करते हैं। वे अपनी शिक्षा में अधिक संलग्न होते हैं, चुनौतियों का सामना करने में दृढ़ रहते हैं, और सीखने के प्रति आजीवन प्रेम विकसित करते हैं। इसके अलावा, सहयोगी संस्कृति एक अधिक सकारात्मक और समावेशी विद्यालय वातावरण को बढ़ावा दे सकती है, जहाँ सभी छात्रों को मूल्यवान और समर्थित महसूस होता है।

प्रतिस्पर्धा से सहयोग की ओर बदलाव शिक्षकों की भूमिका पर पुनर्विचार की माँग करता है। एक सहयोगी कक्षा में, शिक्षक एक मार्गदर्शक के रूप में कार्य करता है, छात्रों को उनकी शिक्षा में मार्गदर्शन प्रदान करता है, लेकिन उन्हें अपनी शिक्षा का स्वामित्व लेने के लिए भी प्रोत्साहित करता है। शिक्षक छात्रों को परियोजनाओं पर एक साथ काम करने, अपने विचार साझा करने, और एक-दूसरे की ताकत से सीखने के अवसर प्रदान करते हैं। वे सकारात्मक और सहायक प्रतिक्रिया भी देते हैं, जिससे छात्रों को अपने विकास के क्षेत्रों की पहचान करने और सुधार के लिए

रणनीतियाँ विकसित करने में मदद मिलती है।

एक सहयोगी विद्यालय संस्कृति बनाना विद्यालय की भौतिक संरचना पर पुनर्विचार करने में भी शामिल है। पारंपरिक कक्षाएँ, जिनमें डेस्क की पंक्तियाँ कमरे के सामने की ओर होती हैं, व्याख्यान-आधारित शिक्षण और व्यक्तिगत कार्य के लिए डिज़ाइन की गई हैं। इसके विपरीत, सहयोगी कक्षाएँ लचीली और अनुकूलनीय होती हैं, जिनमें फर्नीचर को समूह कार्य और चर्चा को सुगम बनाने के लिए आसानी से पुनर्व्यवस्थित किया जा सकता है। प्रौद्योगिकी भी सहयोग को बढ़ावा देने में एक भूमिका निभा सकती है, जैसे ऑनलाइन मंच और साझा दस्तावेज़ जो छात्रों को दुनिया के किसी भी कोने से परियोजनाओं पर सहयोग करने की अनुमति देते हैं।

प्रतिस्पर्धा से सहयोग की ओर बदलाव चुनौतियों से मुक्त नहीं है। यह शिक्षकों, छात्रों, और अभिभावकों के बीच मानसिकता में बदलाव की माँग करता है। कुछ शिक्षक नियंत्रण छोड़ने और अधिक मार्गदर्शक भूमिका अपनाने के प्रति अनिच्छुक हो सकते हैं। कुछ छात्र अपने साथियों के साथ प्रतिस्पर्धा करने के आदी हो सकते हैं और सहयोगी माहौल में समायोजित करने में कठिनाई महसूस कर सकते हैं। अभिभावकों को भी सहयोग के लाभों के बारे में शिक्षित करने और यह समझाने की आवश्यकता हो सकती है कि यह उनके बच्चे की शिक्षा का समर्थन कैसे कर सकता है।

इन चुनौतियों के बावजूद, सहयोगी विद्यालय संस्कृति के संभावित लाभ महत्वपूर्ण हैं। आत्मीयता, समुदाय, और पारस्परिक समर्थन की भावना को बढ़ावा देकर, विद्यालय ऐसा माहौल बना सकते हैं जहाँ सभी छात्र प्रगति कर सकें। वे छात्रों को आधुनिक कार्यस्थल की सहयोगी प्रकृति और तेजी से बदलती दुनिया की चुनौतियों के लिए तैयार कर सकते हैं। इसके अलावा, वे छात्रों में सहयोग, सहानुभूति, और सामाजिक जिम्मेदारी के मूल्य स्थापित कर सकते हैं, जो एक अधिक न्यायपूर्ण और समान समाज के निर्माण के लिए आवश्यक हैं। प्रतिस्पर्धा से सहयोग की ओर संक्रमण केवल एक शैक्षणिक बदलाव नहीं है; यह इस बात

में एक गहन परिवर्तन है कि हम सीखने को कैसे देखते हैं और अगली पीढ़ी को आकार देने में इसकी भूमिका को कैसे समझते हैं।

निष्कर्षतः, विद्यालय संस्कृति को प्रतिस्पर्धा पर आधारित मॉडल से हटकर सहयोग को अपनाने की दिशा में पुनः परिभाषित करना शिक्षा में एक दृष्टिकोण बदलाव का प्रतिनिधित्व करता है। समुदाय की भावना को बढ़ावा देकर, टीम वर्क को प्रोत्साहित करके, और विविध दृष्टिकोणों को महत्व देकर, विद्यालय ऐसा वातावरण बना सकते हैं जहाँ सभी छात्र प्रगति कर सकें। यह बदलाव शिक्षकों, छात्रों, और अभिभावकों के बीच मानसिकता में बदलाव, साथ ही विद्यालय के भौतिक स्थान और प्रौद्योगिकी के उपयोग पर पुनर्विचार की आवश्यकता है। हालाँकि, संभावित लाभ महत्वपूर्ण हैं, न केवल व्यक्तिगत छात्रों के लिए बल्कि समाज के लिए भी। सहयोग को अपनाकर, हम अगली पीढ़ी को न केवल सफल होने बल्कि करुणामय, संलग्न, और जिम्मेदार नागरिक बनने के लिए तैयार कर सकते हैं।

एक परस्पर जुड़े हुए विश्व में, वैश्विक नागरिकता अब एक विलासिता नहीं, बल्कि आवश्यकता है। सांस्कृतिक समझ को बढ़ावा देकर और नैतिक निर्णय लेने को प्रोत्साहित करके, हम छात्रों को वैश्विक चुनौतियों का समाधान करने और एक अधिक न्यायपूर्ण और टिकाऊ विश्व बनाने के लिए सशक्त बना सकते हैं। याद रखें, हम सभी जुड़े हुए हैं, और हमारे कार्यों का प्रभाव हमारी सीमाओं से कहीं आगे तक जाता है।

৩৪

5

नैतिक दुविधाएँ: वास्तविक जीवन की चुनौतियों के लिए छात्रों को तैयार करना

जीवन चुनावों की एक श्रृंखला है, और इनमें से कई चुनाव जटिल नैतिक दुविधाओं को हल करने से जुड़े होते हैं। व्यक्तिगत संबंधों से लेकर पेशेवर निर्णयों तक, व्यक्ति लगातार ऐसी स्थितियों का सामना करते हैं जहाँ मूल्यों का टकराव होता है, और आसान उत्तर उपलब्ध नहीं होते। छात्रों को इन वास्तविक जीवन की चुनौतियों का सामना करने के लिए तैयार करना शिक्षा का एक महत्वपूर्ण पहलू है, जो पाठ्यपुस्तकों और मानकीकृत परीक्षाओं की सीमाओं से परे जाता है। नैतिक दुविधाओं का विश्लेषण करने, सूचित निर्णय लेने, और अपने चुनावों को उचित ठहराने के उपकरण प्रदान करके, हम उन्हें जिम्मेदार, नैतिक और संलग्न नागरिक बनने के लिए सशक्त करते हैं।

नैतिक दुविधाएँ वे स्थितियाँ होती हैं, जहाँ व्यक्तियों को दो या अधिक विरोधाभासी नैतिक सिद्धांतों के बीच चुनाव करना पड़ता है। ये दुविधाएँ अक्सर प्रतिस्पर्धी मूल्यों, जैसे ईमानदारी बनाम निष्ठा, व्यक्तिगत अधिकार बनाम सामूहिक भलाई, या न्याय बनाम दया से जुड़ी होती हैं। नैतिक दुविधाओं के आसान उत्तर नहीं होते, क्योंकि प्रत्येक चुनाव के सकारात्मक और नकारात्मक

परिणाम हो सकते हैं। इन जटिलताओं से निपटने और विचारशील निर्णय लेने की क्षमता वास्तविक दुनिया की चुनौतियों का सामना करने के लिए आवश्यक है।

पारंपरिक शिक्षा अक्सर ज्ञान और कौशल प्रदान करने पर केंद्रित होती है, लेकिन यह नैतिक सोच के विकास की उपेक्षा कर सकती है। छात्र ऐतिहासिक घटनाओं, वैज्ञानिक सिद्धांतों, और गणितीय सूत्रों के बारे में सीख सकते हैं, लेकिन वे इन अवधारणाओं को वास्तविक दुनिया की नैतिक दुविधाओं पर लागू करने के लिए सुसज्जित नहीं हो सकते। इस अंतर को पाटने के लिए, शिक्षक पाठ्यक्रम में नैतिक दुविधा चर्चाओं और गतिविधियों को शामिल कर रहे हैं।

नैतिक दुविधाओं को सिखाने का एक तरीका यह है कि छात्रों को ऐसे काल्पनिक परिदृश्यों के सामने रखा जाए, जो उन्हें प्रतिस्पर्धी मूल्यों का वजन करने और कठिन चुनाव करने की आवश्यकता हो। उदाहरण के लिए, छात्रों से पूछा जा सकता है कि क्या किसी मित्र को बचाने के लिए झूठ बोलना नैतिक है, किसी अच्छे उद्देश्य के लिए नियम तोड़ना उचित है, या अपनी आवश्यकताओं को दूसरों की आवश्यकताओं से अधिक प्राथमिकता देना सही है। ये परिदृश्य जीवंत चर्चाओं और बहसों को प्रेरित कर सकते हैं, जिससे छात्र अपनी मूल्यों और विश्वासों के बारे में गहराई से सोच सकें।

एक अन्य तरीका वास्तविक दुनिया के नैतिक दुविधाओं का उपयोग करना है। इसमें वर्तमान घटनाओं, ऐतिहासिक घटनाओं, या यहां तक कि व्यक्तिगत अनुभवों पर चर्चा करना शामिल हो सकता है। इन उदाहरणों का विश्लेषण करके, छात्र नैतिक निर्णय लेने की जटिलताओं और उनके संभावित परिणामों की गहरी समझ प्राप्त कर सकते हैं।

नैतिक दुविधाओं को सिखाने का उद्देश्य छात्रों को पहले से निर्धारित उत्तर प्रदान करना नहीं है, बल्कि उन्हें सूचित और नैतिक निर्णय लेने के लिए कौशल और ज्ञान से लैस करना है। इसमें उनके आलोचनात्मक सोच कौशल, विभिन्न दृष्टिकोणों का विश्लेषण करने की क्षमता, और सहानुभूति और करुणा के लिए उनकी क्षमता को विकसित करना शामिल है। यह उन्हें विभिन्न नैतिक ढाँचे, जैसे दायित्ववाद (Deontology), परिणामवाद (Consequentialism), और गुण नैतिकता (Virtue Ethics) के बारे में सिखाने में भी मदद करता है, जो नैतिक

दुविधाओं को देखने के लिए अलग-अलग दृष्टिकोण प्रदान कर सकते हैं।

नैतिक दुविधाओं को सिखाने के प्रमुख लाभों में से एक यह है कि यह छात्रों को स्वतंत्र रूप से सोचने और अपने मूल्यों का स्वामित्व लेने के लिए प्रोत्साहित करता है। चर्चाओं और बहसों में भाग लेकर, छात्र विभिन्न दृष्टिकोणों के संपर्क में आते हैं और अपनी मान्यताओं को स्पष्ट करने की चुनौती का सामना करते हैं। यह उन्हें आत्म-जागरूकता की एक मजबूत भावना और अपने नैतिक दृष्टिकोण की गहरी समझ विकसित करने में मदद कर सकता है।

एक अन्य लाभ यह है कि यह छात्रों को वास्तविक जीवन की चुनौतियों के लिए तैयार करता है। नैतिक दुविधाएँ कक्षा तक सीमित नहीं हैं; वे जीवन का एक अभिन्न हिस्सा हैं। इन दुविधाओं को एक सुरक्षित और सहायक वातावरण में नेविगेट करना सीखकर, छात्र अपने व्यक्तिगत और व्यावसायिक जीवन में नैतिक निर्णय लेने के लिए बेहतर तरीके से सुसज्जित होते हैं।

कक्षा चर्चाओं और गतिविधियों के अलावा, नैतिक दुविधा शिक्षा को पाठ्यक्रम में शामिल करने के अन्य तरीके भी हैं। उदाहरण के लिए, स्कूल अतिथि वक्ताओं को आमंत्रित कर सकते हैं, जो नैतिक दुविधाओं के साथ अपने अनुभव साझा करते हैं। वे उन संगठनों के लिए शैक्षिक यात्राओं का आयोजन कर सकते हैं, जो नैतिक मुद्दों से संबंधित हैं, जैसे अस्पताल, कानून फर्म, या गैर-लाभकारी संगठन।

पाठ्यक्रम में नैतिक दुविधा शिक्षा का एकीकरण चुनौतियों से मुक्त नहीं है। कुछ शिक्षक विवादास्पद विषयों को उठाने या छात्रों को असहमति व्यक्त करने की अनुमति देने में संकोच कर सकते हैं। अन्य नैतिक मुद्दों पर चर्चाओं को प्रभावी ढंग से सुविधाजनक बनाने के लिए प्रशिक्षण या संसाधनों की कमी हो सकती है। हालांकि, इस दृष्टिकोण के संभावित लाभ इतने महत्वपूर्ण हैं कि उन्हें अनदेखा नहीं किया जा सकता।

निष्कर्षतः, छात्रों को वास्तविक जीवन की चुनौतियों के लिए तैयार करना केवल ज्ञान और कौशल प्रदान करने तक सीमित नहीं है। इसमें उन्हें जटिल नैतिक दुविधाओं को नेविगेट करने और सूचित, नैतिक निर्णय लेने के उपकरण प्रदान करना भी शामिल है। पाठ्यक्रम में नैतिक दुविधा शिक्षा को शामिल करके, शिक्षक

छात्रों को आलोचनात्मक विचारक, करुणामय व्यक्ति, और जिम्मेदार नागरिक बनने के लिए सशक्त बना सकते हैं, जो दुनिया में सकारात्मक बदलाव लाने के लिए प्रतिबद्ध हैं।

प्रौद्योगिकी हमारे विश्व को बदलने की शक्ति रखती है, लेकिन यह नैतिक दुविधाओं को भी उत्पन्न करती है, जिनका हमें सामना करना चाहिए। आइए हम अपने छात्रों को डिजिटल युग में ज्ञान और जिम्मेदारी के साथ नेविगेट करना सिखाएँ, प्रौद्योगिकी का उपयोग सकारात्मक परिवर्तन लाने और बेहतर समझ को बढ़ावा देने के लिए करें। याद रखें, प्रौद्योगिकी एक उपकरण है, और इसका प्रभाव इस पर निर्भर करता है कि हम इसका उपयोग कैसे करते हैं।

ॐ

6

शिक्षकों की भूमिका: नैतिक विकास का मार्गदर्शन

शिक्षकों की भूमिका केवल शैक्षणिक ज्ञान प्रदान करने तक सीमित नहीं है। वे युवा मस्तिष्क के निर्माता, चरित्र के पोषक, और नैतिक विकास का मार्ग दिखाने वाले मार्गदर्शक हैं। एक ऐसे विश्व में, जो लगातार बदल रहा है और नई चुनौतियाँ प्रस्तुत कर रहा है, छात्रों में नैतिक मूल्यों और सिद्धांतों को विकसित करने में शिक्षकों की भूमिका पहले से कहीं अधिक महत्वपूर्ण हो गई है।

शिक्षक केवल निर्देश देने वाले नहीं हैं, बल्कि आदर्श भी हैं। उनके कार्य, शब्द, और दृष्टिकोण उनके छात्रों के नैतिक विकास पर गहरा प्रभाव डालते हैं। जब शिक्षक सत्यनिष्ठा, सम्मान, और करुणा का प्रदर्शन करते हैं, तो वे कक्षा के माहौल में इन मूल्यों को महत्व और अभ्यास करने की संस्कृति बनाते हैं। छात्र अपने शिक्षकों के व्यवहार को देखकर और उसका अनुकरण करके सीखते हैं, और कक्षा में देखे गए नैतिक सिद्धांत उनके नैतिक दृष्टिकोण को वर्षों तक आकार दे सकते हैं।

नैतिक विकास का मार्गदर्शन करना एक सरल कार्य नहीं है। इसके लिए शिक्षकों को नैतिक सिद्धांतों, मूल्यों, और सिद्धांतों की गहरी समझ होनी चाहिए। उन्हें कक्षा और बाहरी दुनिया में उत्पन्न होने वाली नैतिक दुविधाओं की पहचान और समाधान करने में सक्षम होना चाहिए। शिक्षकों को नैतिक मुद्दों पर चर्चा और

बहस को सुगम बनाने में भी कुशल होना चाहिए, जिससे छात्रों को आलोचनात्मक रूप से सोचने और अपने विश्वासों और मूल्यों को स्पष्ट रूप से व्यक्त करने के लिए प्रोत्साहित किया जा सके।

शिक्षक नैतिक विकास का मार्गदर्शन करने का एक प्रमुख तरीका एक सुरक्षित और समावेशी शिक्षण वातावरण बनाना है। इसका अर्थ है ऐसी कक्षा संस्कृति को बढ़ावा देना, जहाँ सभी छात्र मूल्यवान, सम्मानित, और सुने जाने का अनुभव करें। इसका यह भी अर्थ है छात्रों को अपनी राय व्यक्त करने के अवसर प्रदान करना, भले ही उनकी राय उनके सहपाठियों या शिक्षकों से भिन्न हो। जब छात्र खुद को व्यक्त करने में सुरक्षित महसूस करते हैं, तो वे नैतिक मुद्दों पर सार्थक चर्चा में संलग्न होने और अपने नैतिक तर्क कौशल को विकसित करने की अधिक संभावना रखते हैं।

नैतिक विकास का मार्गदर्शन करने का एक और महत्वपूर्ण पहलू छात्रों को नैतिक निर्णय लेने का अभ्यास करने के अवसर प्रदान करना है। यह भूमिका-निर्माण गतिविधियों, केस स्टडीज, और सिमुलेशन के माध्यम से किया जा सकता है। शिक्षक छात्रों को सेवा-आधारित शिक्षण परियोजनाओं में भाग लेने के लिए भी प्रोत्साहित कर सकते हैं, जहाँ वे अपनी जानकारी और कौशल को वास्तविक समस्याओं पर लागू कर सकते हैं और अपने कार्यों के नैतिक प्रभावों के बारे में सीख सकते हैं।

नैतिक निर्णय लेने का शिक्षण छात्रों को पहले से निर्धारित उत्तर प्रदान करने के बारे में नहीं है। बल्कि, यह उन्हें जटिल नैतिक दुविधाओं का विश्लेषण करने, प्रतिस्पर्धी मूल्यों को तौलने, और सूचित विकल्प बनाने के उपकरण प्रदान करने के बारे में है। इसमें उन्हें विभिन्न नैतिक ढाँचों, जैसे दायित्ववाद (Deontology), परिणामवाद (Consequentialism), और गुण नैतिकता (Virtue Ethics) के बारे में सिखाना और शामिल सभी हितधारकों के दृष्टिकोणों पर विचार करने के लिए प्रोत्साहित करना शामिल है।

शिक्षक नैतिक विकास को बढ़ावा देने के लिए पाठ्यक्रम में नैतिक विचारों को एकीकृत कर सकते हैं। यह वैज्ञानिक खोजों, ऐतिहासिक घटनाओं, और साहित्यिक कार्यों के नैतिक निहितार्थों पर चर्चा करके किया जा सकता है।

उदाहरण के लिए, एक विज्ञान शिक्षक आनुवंशिक इंजीनियरिंग के नैतिक प्रभावों पर चर्चा कर सकता है, जबकि एक इतिहास शिक्षक युद्ध के समय नेताओं द्वारा सामना की गई नैतिक दुविधाओं का अन्वेषण कर सकता है।

कक्षा में अपनी भूमिका के अलावा, शिक्षक विद्यालय संस्कृति को आकार देने में भी एक महत्वपूर्ण भूमिका निभा सकते हैं। सम्मान, समावेशिता, और सामाजिक जिम्मेदारी की संस्कृति को बढ़ावा देकर, शिक्षक ऐसा शिक्षण वातावरण बना सकते हैं, जो नैतिक विकास का समर्थन करता हो। इसमें विविधता का जश्न मनाने वाले विद्यालय-स्तरीय कार्यक्रमों का आयोजन, छात्रों को सामुदायिक सेवा परियोजनाओं में भाग लेने के लिए प्रोत्साहित करना, और छात्रों को नैतिक दुविधाओं के साथ अपने अनुभव साझा करने के अवसर प्रदान करना शामिल हो सकता है।

छात्रों के नैतिक विकास का मार्गदर्शन करने में शिक्षकों की भूमिका चुनौतियों से मुक्त नहीं है। शिक्षकों को उन छात्रों से प्रतिरोध का सामना करना पड़ सकता है, जो विवादास्पद विषयों पर चर्चा करने में असहज महसूस करते हैं या जिनके मूल्य उनके अपने मूल्यों से अलग होते हैं। उन्हें अभिभावकों या प्रशासकों से भी दबाव का सामना करना पड़ सकता है, जो विवादास्पद मुद्दों से बचने या एक विशेष मूल्य प्रणाली को बढ़ावा देने के लिए कहते हैं। फिर भी, ये चुनौतियाँ शिक्षकों को अपने छात्रों के नैतिक विकास को बढ़ावा देने की प्रतिबद्धता से दूर नहीं करनी चाहिए।

एक सुरक्षित और समावेशी शिक्षण वातावरण बनाकर, छात्रों को नैतिक निर्णय लेने का अभ्यास करने के अवसर प्रदान करके, पाठ्यक्रम में नैतिक विचारों को एकीकृत करके, और विद्यालय संस्कृति को आकार देकर, शिक्षक छात्रों को जिम्मेदार, नैतिक, और सक्रिय नागरिक बनने के लिए सशक्त बना सकते हैं। एक ऐसा विश्व जो तेजी से जटिल और परस्पर जुड़ा हुआ है, उसमें आलोचनात्मक रूप से सोचने, करुणामय होकर कार्य करने, और नैतिक विकल्प बनाने की क्षमता पहले से कहीं अधिक महत्वपूर्ण है। शिक्षक अगली पीढ़ी के नैतिक विकास का मार्गदर्शन करके भविष्य को आकार देने का एक अनूठा अवसर रखते हैं।

पर्यावरणीय जिम्मेदारी केवल प्रकृति की रक्षा करने के बारे में नहीं है; यह हमारे भविष्य को सुरक्षित करने के बारे में है। आइए अपने छात्रों को सभी जीवित चीजों के परस्पर संबंध के बारे में शिक्षित करें और उन्हें पृथ्वी के संरक्षक बनने के लिए सशक्त बनाएं। याद रखें, हम प्रकृति से अलग नहीं हैं; हम उसका हिस्सा हैं।

7

माता-पिता साझेदार के रूप में: घर और स्कूल में मूल्यों का समर्थन

"एक बच्चे को पालने में पूरे गांव की आवश्यकता होती है" यह कहावत मूल्यों की शिक्षा के संदर्भ में भी सही है। जहाँ स्कूल छात्रों में नैतिक सिद्धांतों और मूल्यों को स्थापित करने में महत्वपूर्ण भूमिका निभाते हैं, वहीं माता-पिता की भागीदारी भी उतनी ही आवश्यक है। घर का वातावरण वह स्थान है जहाँ बच्चे सबसे पहले सही और गलत के बारे में सीखते हैं, जहाँ वे अपने माता-पिता के मूल्यों को देखते और आत्मसात करते हैं। माता-पिता और स्कूल साथ मिलकर काम करके मूल्यों की शिक्षा के लिए एक सुसंगत दृष्टिकोण बना सकते हैं, जिससे यह सुनिश्चित किया जा सके कि बच्चों को नैतिकता की एक मजबूत नींव मिले, जो उनके पूरे जीवन में उनका मार्गदर्शन करे।

माता-पिता अपने बच्चों के प्राथमिक आदर्श होते हैं। उनके दैनिक जीवन में प्रदर्शित मूल्य, दूसरों के साथ उनके व्यवहार, और उनके द्वारा किए गए चुनाव बच्चों पर गहरा प्रभाव डालते हैं। बच्चे अपने माता-पिता को देखकर और उनकी नकल करके सीखते हैं, और जो मूल्य वे घर पर देखते हैं, वे अक्सर उनके जीवन के सबसे गहरे हिस्से में बस जाते हैं। इसलिए, माता-पिता के पास ईमानदारी, सम्मान, जिम्मेदारी, करुणा, और निष्पक्षता जैसे मूल्यों को छोटे बच्चों में शुरू से ही स्थापित करने का एक अनूठा अवसर होता है।

मूल्यों की शिक्षा का समर्थन करने वाला घर का वातावरण बनाना केवल मूल्यों के बारे में बात करने तक सीमित नहीं है। इसके लिए माता-पिता को अपने स्वयं के व्यवहार में इन मूल्यों को सक्रिय रूप से प्रदर्शित करना आवश्यक है। इसका अर्थ है ईमानदार और सच्चा होना, दूसरों के प्रति सम्मान और दयालुता दिखाना, अपने कार्यों की जिम्मेदारी लेना, ज़रूरतमंदों के प्रति करुणा दिखाना, और दूसरों के साथ अपने व्यवहार में निष्पक्ष और न्यायपूर्ण होना। जब बच्चे अपने माता-पिता को इन मूल्यों के अनुसार जीवन जीते हुए देखते हैं, तो वे भी उन्हें अपनाने की अधिक संभावना रखते हैं।

मूल्यों को मॉडल करने के अलावा, माता-पिता अपने बच्चों को नैतिकता और नैतिक मूल्यों के बारे में सक्रिय रूप से सिखा सकते हैं। यह बातचीत, कहानियों, और वास्तविक जीवन के उदाहरणों के माध्यम से किया जा सकता है। माता-पिता अपने बच्चों के साथ नैतिक दुविधाओं पर चर्चा कर सकते हैं, उन्हें विभिन्न दृष्टिकोणों पर आलोचनात्मक रूप से सोचने और अपने चुनावों के परिणामों पर विचार करने के लिए प्रोत्साहित कर सकते हैं। वे ऐतिहासिक व्यक्तित्वों या काल्पनिक पात्रों की कहानियाँ साझा कर सकते हैं, जो विशेष मूल्यों को दर्शाते हैं, और अपने जीवन या दूसरों के जीवन में नैतिक व्यवहार के उदाहरणों की ओर ध्यान दिला सकते हैं।

घर के वातावरण से परे, माता-पिता स्कूल में मूल्यों की शिक्षा का समर्थन करने में भी सक्रिय भूमिका निभा सकते हैं। इसमें कक्षा में स्वयंसेवा करना, स्कूल के आयोजनों में भाग लेना, और शिक्षकों के साथ नियमित रूप से संवाद करना शामिल हो सकता है। शिक्षकों के साथ मजबूत संबंध बनाकर, माता-पिता स्कूल के मूल्यों के पाठ्यक्रम को बेहतर तरीके से समझ सकते हैं और उन मूल्यों को घर पर सुदृढ़ कर सकते हैं। वे शिक्षकों को अपने बच्चे की अद्वितीय ताकत और चुनौतियों के बारे में जानकारी भी दे सकते हैं, जिससे शिक्षक प्रत्येक छात्र की व्यक्तिगत आवश्यकताओं के अनुसार अपना दृष्टिकोण तैयार कर सकें।

माता-पिता अपने बच्चों को स्कूल के बाहर नैतिक निर्णय लेने का अभ्यास करने के अवसर प्रदान करके भी मूल्यों की शिक्षा का समर्थन कर सकते हैं। इसमें उन्हें सामुदायिक सेवा परियोजनाओं, स्वयंसेवा कार्यों, या सामाजिक जिम्मेदारी

और नागरिक भागीदारी को बढ़ावा देने वाली पाठ्येतर गतिविधियों में भाग लेने के लिए प्रोत्साहित करना शामिल हो सकता है। ये अनुभव न केवल बच्चों को वास्तविक दुनिया के संदर्भ में अपने मूल्यों को लागू करने का अवसर देते हैं, बल्कि उन्हें दूसरों के प्रति सहानुभूति और करुणा की भावना विकसित करने में भी मदद करते हैं।

बेशक, माता-पिता और स्कूल के बीच साझेदारी हमेशा सहज नहीं होती। ऐसे समय हो सकते हैं जब माता-पिता और शिक्षक मूल्यों की शिक्षा पर विभिन्न दृष्टिकोण रखते हों या किसी विशेष मुद्दे को संबोधित करने के सर्वोत्तम तरीके पर असहमत हों। हालांकि, खुले संवाद और आपसी सम्मान एक मजबूत साझेदारी बनाने के लिए आवश्यक हैं, जो सभी छात्रों के लिए लाभकारी हो। माता-पिता और शिक्षकों को प्रोत्साहित किया जाना चाहिए कि वे एक-दूसरे के साथ खुलकर संवाद करें, अपनी चिंताओं और दृष्टिकोण साझा करें, और बच्चे के सर्वोत्तम हित में समाधान खोजने के लिए साथ काम करें।

निष्कर्षतः, माता-पिता मूल्यों की शिक्षा का समर्थन करने में, घर और स्कूल दोनों जगह, एक महत्वपूर्ण भूमिका निभाते हैं। मूल्यों को मॉडल करके, नैतिकता और नैतिक मूल्यों को सक्रिय रूप से सिखाकर, शिक्षकों के साथ मजबूत संबंध बनाकर, और अपने बच्चों को नैतिक निर्णय लेने का अभ्यास करने के अवसर प्रदान करके, माता-पिता यह सुनिश्चित करने में मदद कर सकते हैं कि उनके बच्चों को नैतिकता की एक मजबूत नींव मिले, जो उनके पूरे जीवन में उनका मार्गदर्शन करे। माता-पिता और स्कूलों के बीच साझेदारी एक सुसंगत और सुसंगठित दृष्टिकोण बनाने के लिए आवश्यक है, जो छात्रों को ईमानदारी, करुणा, और सामाजिक जिम्मेदारी की भावना के साथ आधुनिक दुनिया की जटिलताओं को नेविगेट करने के लिए तैयार करता है।

विविधता हमारे जीवन और समुदायों को समृद्ध करती है। आइए हम अपनी भिन्नताओं का उत्सव मनाएँ और ऐसे समावेशी शिक्षण वातावरण बनाएँ, जहाँ सभी आवाज़ों को महत्व दिया जाए। याद रखें, हमारी ताकत हमारी विविधता में है, और हमारी एकता हमारी साझा मानवता में।

8

सामुदायिक संबंध: कक्षा की दीवारों से परे सीखना

शिक्षा अपने सबसे सच्चे रूप में कक्षा की चार दीवारों तक सीमित नहीं है। यह एक आजीवन यात्रा है, जो समुदाय तक फैली हुई है, जहाँ वास्तविक दुनिया के अनुभव मूल्यों, दृष्टिकोणों, और दुनिया की गहरी समझ को आकार देते हैं। सामुदायिक संबंध इस यात्रा का एक अभिन्न हिस्सा हैं, जो शैक्षिक अनुभव को समृद्ध करते हैं और छात्रों में सामाजिक जिम्मेदारी की भावना विकसित करते हैं। कक्षा की दीवारों से बाहर जाकर, छात्र विविध दृष्टिकोणों से अवगत होते हैं, व्यावहारिक कौशल प्राप्त करते हैं, और समाज में अपनी भूमिका की गहरी समझ विकसित करते हैं।

पारंपरिक शिक्षा मॉडल, जो मानकीकृत परीक्षणों और शैक्षणिक उपलब्धियों पर जोर देता है, अक्सर सामुदायिक भागीदारी के महत्व को नज़रअंदाज़ कर देता है। हालांकि, शोध से पता चलता है कि जो छात्र अपने समुदायों में सक्रिय रूप से शामिल होते हैं, उनकी शैक्षणिक उपलब्धि अधिक होती है, उनके सामाजिक कौशल मजबूत होते हैं, और उनमें नागरिक जिम्मेदारी की गहरी भावना होती है। वे अपनी शिक्षा में अधिक संलग्न होते हैं, चुनौतियों का सामना करने में दृढ़ रहते हैं, और उच्च शिक्षा प्राप्त करने की संभावना अधिक रखते हैं।

सामुदायिक संबंध कई रूप ले सकते हैं। इनमें स्थानीय संगठनों में स्वयंसेवा

करना, सामुदायिक कार्यक्रमों में भाग लेना, या विभिन्न पृष्ठभूमियों के लोगों के साथ बातचीत करना शामिल हो सकता है। ये अनुभव छात्रों को विविध दृष्टिकोणों से अवगत कराते हैं, उनकी धारणाओं को चुनौती देते हैं, और उनकी दुनिया की समझ को व्यापक बनाते हैं। ये छात्रों को अपने ज्ञान और कौशल को वास्तविक संदर्भों में लागू करने के अवसर भी प्रदान करते हैं, मूल्यवान अनुभव प्राप्त करते हैं और अपनी क्षमताओं में आत्मविश्वास बढ़ाते हैं।

सामुदायिक संबंधों का एक प्रमुख लाभ यह है कि यह छात्रों में सामाजिक जिम्मेदारी की भावना को बढ़ावा देता है। सामुदायिक आवश्यकताओं को पूरा करने के लिए दूसरों के साथ काम करके, छात्र सहयोग, सहानुभूति, और नागरिक भागीदारी के महत्व को सीखते हैं। वे अपने समुदायों के सामने आने वाली चुनौतियों और सकारात्मक बदलाव लाने में अपनी भूमिका की गहरी समझ भी विकसित करते हैं।

सामुदायिक संबंध छात्रों की शैक्षणिक उपलब्धियों पर भी महत्वपूर्ण प्रभाव डाल सकते हैं। अपने ज्ञान और कौशल को वास्तविक संदर्भों में लागू करके, छात्र शैक्षणिक अवधारणाओं की गहरी समझ और उनके जीवन में उनकी प्रासंगिकता को प्राप्त करते हैं। वे आलोचनात्मक सोच कौशल, समस्या सुलझाने की क्षमता, और विविध दर्शकों के साथ प्रभावी ढंग से संवाद करने की क्षमता भी विकसित करते हैं।

इसके अलावा, सामुदायिक संबंध छात्रों को उन संसाधनों और अवसरों तक पहुँच प्रदान कर सकते हैं, जो कक्षा में उपलब्ध नहीं हो सकते। उदाहरण के लिए, जो छात्र स्थानीय संगठनों में स्वयंसेवा करते हैं, उन्हें अपने क्षेत्रों के विशेषज्ञों से सीखने, पेशेवरों के साथ नेटवर्क बनाने, और विभिन्न करियर विकल्पों के संपर्क में आने का मौका मिल सकता है। ये अनुभव छात्रों को अपने भविष्य के बारे में सूचित निर्णय लेने और कार्यबल में सफलता के लिए तैयार करने में मदद कर सकते हैं।

सामुदायिक संबंधों के लाभ केवल छात्रों तक सीमित नहीं हैं। समुदाय भी उन ऊर्जा, उत्साह, और नए दृष्टिकोणों से लाभान्वित होते हैं, जो छात्र लाते हैं। छात्रों के साथ जुड़कर, सामुदायिक संगठन प्रतिभा और विचारों के एक मूल्यवान स्रोत का उपयोग कर सकते हैं। वे स्कूलों और परिवारों के साथ मजबूत संबंध भी बना सकते

हैं, जो सभी के लिए एक अधिक सहायक और सहयोगात्मक वातावरण बनाता है।

अर्थपूर्ण सामुदायिक संबंध बनाना स्कूलों, परिवारों, और सामुदायिक संगठनों के संयुक्त प्रयास की माँग करता है। स्कूल सामुदायिक भागीदारी को पाठ्यक्रम में शामिल करके, छात्रों को स्वयंसेवा करने के अवसर प्रदान करके, और स्थानीय संगठनों के साथ साझेदारी करके एक अग्रणी भूमिका निभा सकते हैं। परिवार अपने बच्चों की सामुदायिक भागीदारी का समर्थन करके, स्वयंसेवी गतिविधियों में भाग लेने, सामुदायिक कार्यक्रमों में एक साथ शामिल होने, और सामाजिक जिम्मेदारी के महत्व पर चर्चा करके योगदान दे सकते हैं। सामुदायिक संगठन भी छात्रों को स्वागत करके, मार्गदर्शन के अवसर प्रदान करके, और स्कूलों के साथ पारस्परिक रूप से लाभकारी साझेदारी विकसित करके एक भूमिका निभा सकते हैं।

निष्कर्षतः, कक्षा की दीवारों से परे सीखना छात्रों के समग्र विकास के लिए आवश्यक है। मजबूत सामुदायिक संबंध बनाकर, छात्र मूल्यवान अनुभव प्राप्त करते हैं, आवश्यक कौशल विकसित करते हैं, और सामाजिक जिम्मेदारी की भावना को पोषित करते हैं। ये संबंध शैक्षिक अनुभव को समृद्ध करते हैं, छात्रों को कार्यबल में सफलता के लिए तैयार करते हैं, और समुदाय की भलाई में योगदान देते हैं। स्कूल, परिवार, और सामुदायिक संगठन एक साथ काम करके शिक्षा का एक जीवंत पारिस्थितिकी तंत्र बना सकते हैं, जो कक्षा की दीवारों से परे फैला हुआ है और छात्रों को एक उद्देश्यपूर्ण, अर्थपूर्ण, और प्रभावशाली जीवन के लिए तैयार करता है।

सामाजिक न्याय केवल एक आदर्श नहीं है; यह कार्रवाई का आह्वान है। आइए हम छात्रों को अन्याय को चुनौती देने, हाशिए पर पड़े समूहों के लिए वकालत करने, और एक अधिक समान दुनिया बनाने के लिए सशक्त करें। याद रखें, हमारी चुप्पी हमारी सहमति है, और हमारे कार्य एक अंतर ला सकते हैं।

9

वैश्विक नागरिकता: एक परस्पर जुड़े हुए विश्व में नैतिकता

वैश्वीकरण, तकनीकी प्रगति, और परस्पर जुड़े हुए युग में, वैश्विक नागरिकता की अवधारणा एक महत्वपूर्ण ढाँचे के रूप में उभरी है, जो इस जटिल दुनिया में हमारी भूमिका और जिम्मेदारियों को समझने में मदद करती है। वैश्विक नागरिकता राष्ट्रीय सीमाओं और सांस्कृतिक भिन्नताओं से परे है, हमारे साझा मानवता और जीवन की आपसी संबंधों को रेखांकित करती है। यह हमें एक-दूसरे और ग्रह के प्रति अपनी जिम्मेदारियों को पहचानने, सहानुभूति और करुणा के साथ कार्य करने, और वैश्विक चुनौतियों का समाधान करने के लिए सहयोग करने का आह्वान करती है। वैश्विक नागरिकता के केंद्र में एक मजबूत नैतिक आधार है, जो सभी के लिए एक अधिक न्यायपूर्ण, समान, और टिकाऊ दुनिया बनाने का प्रयास करती है।

वैश्विक नागरिकता की अवधारणा नई नहीं है। इतिहास में, दार्शनिकों, धार्मिक नेताओं, और सामाजिक कार्यकर्ताओं ने समुदाय और जिम्मेदारी की एक व्यापक भावना का समर्थन किया है, जो किसी के अपने कबीले, राष्ट्र, या संस्कृति से परे है। हालाँकि, वैश्वीकरण के आगमन, जिसमें सीमाओं के पार सूचना, वस्तुओं, और लोगों का तेज प्रवाह शामिल है, ने वैश्विक दृष्टिकोण की आवश्यकता को और तेज कर दिया है। आज, हम पहले से कहीं अधिक परस्पर जुड़े हुए हैं, और हमारे कार्य

का प्रभाव वैश्विक स्तर पर महसूस किया जा सकता है।

वैश्विक नागरिकता का मतलब अपने सांस्कृतिक पहचान या राष्ट्रीय निष्ठा का इनकार करना नहीं है। बल्कि, इसका मतलब यह है कि हम सभी एक बड़े मानव परिवार का हिस्सा हैं, जिनके साझा मूल्य और आकांक्षाएँ हैं। इसका तात्पर्य यह समझना है कि हमारा कल्याण दूसरों के कल्याण से गहराई से जुड़ा हुआ है, चाहे वे कहीं भी रहते हों या उनका पृष्ठभूमि कुछ भी हो।

नैतिकता वैश्विक नागरिकता में एक केंद्रीय भूमिका निभाती है। सम्मान, न्याय, निष्पक्षता, और करुणा जैसे नैतिक सिद्धांत एक नैतिक दिशा प्रदान करते हैं, जो एक परस्पर जुड़े हुए विश्व में हमारे कार्यों और निर्णयों को मार्गदर्शित करते हैं। वैश्विक नागरिकों के रूप में, हमें केवल अपने नागरिकों के प्रति ही नहीं, बल्कि अन्य संस्कृतियों और राष्ट्रों के लोगों के प्रति भी नैतिक रूप से कार्य करने का आह्वान किया जाता है। इसका मतलब है उनके अधिकारों का सम्मान करना, उनके दृष्टिकोण को महत्व देना, और साझा चुनौतियों का समाधान करने के लिए सहयोग करना।

एक परस्पर जुड़े हुए विश्व में नैतिक विचार सर्वोपरि हैं। जलवायु परिवर्तन, गरीबी, असमानता, संघर्ष, और मानवाधिकार उल्लंघन जैसे मुद्दे राष्ट्रीय सीमाओं से परे हैं और इसके लिए वैश्विक समाधान की आवश्यकता है। वैश्विक नागरिकों के रूप में, हमारा कर्तव्य है कि हम इन मुद्दों के बारे में खुद को शिक्षित करें, विभिन्न पृष्ठभूमियों के लोगों के साथ संवाद में शामिल हों, और न्याय, समानता, और स्थिरता को बढ़ावा देने वाली नीतियों और प्रथाओं का समर्थन करें।

शिक्षा वैश्विक नागरिकता को बढ़ावा देने में एक महत्वपूर्ण भूमिका निभाती है। विभिन्न संस्कृतियों, दृष्टिकोणों, और वैश्विक मुद्दों के बारे में छात्रों को सिखाकर, हम उन्हें दुनिया और उसमें उनकी जगह की व्यापक समझ विकसित करने में मदद कर सकते हैं। हम उन्हें वैश्विक चुनौतियों के बारे में आलोचनात्मक रूप से सोचने, विभिन्न समाधान तलाशने, और दुनिया में सकारात्मक बदलाव लाने के लिए कार्रवाई करने के लिए प्रोत्साहित कर सकते हैं।

वैश्विक नागरिकता शिक्षा कक्षा तक सीमित नहीं होनी चाहिए। इसे शैक्षिक

अनुभव के सभी पहलुओं में समाहित करना चाहिए, जैसे पाठ्येतर गतिविधियों और सामुदायिक भागीदारी पहलों में। स्कूल अंतर्राष्ट्रीय संगठनों के साथ साझेदारी कर सकते हैं, विनिमय कार्यक्रमों में भाग ले सकते हैं, और छात्रों को दुनिया भर के साथियों से जोड़ने के लिए प्रौद्योगिकी का लाभ उठा सकते हैं। सांस्कृतिक समझ और सहयोग को बढ़ावा देकर, हम छात्रों को जिम्मेदार वैश्विक नागरिक बनने के लिए तैयार कर सकते हैं, जो 21वीं सदी की चुनौतियों का समाधान करने में सक्षम हैं।

वैश्विक नागरिकता के लाभ कई हैं। जो लोग वैश्विक दृष्टिकोण अपनाते हैं, उनके खुले विचारों वाले, सहिष्णु, और सहानुभूतिपूर्ण होने की अधिक संभावना होती है। वे विविध और परस्पर जुड़े हुए विश्व में बेहतर तरीके से नेविगेट कर सकते हैं, संस्कृतियों के बीच पुल बना सकते हैं, और वैश्विक समस्याओं को हल करने के लिए सहयोग कर सकते हैं। इसके अलावा, वैश्विक नागरिकता व्यक्तिगत विकास और भलाई में योगदान दे सकती है, क्योंकि व्यक्ति स्वयं और दुनिया में उनकी जगह की गहरी समझ प्राप्त करते हैं।

निष्कर्षतः, वैश्विक नागरिकता एक परस्पर जुड़े हुए विश्व में हमारी भूमिका और जिम्मेदारियों को समझने के लिए एक आवश्यक ढाँचा है। यह हमें सहानुभूति, करुणा, और एक साझा जिम्मेदारी की भावना के साथ एक-दूसरे और ग्रह के प्रति कार्य करने का आह्वान करती है। नैतिकता वैश्विक नागरिकता के केंद्र में है, जो हमारे कार्यों और निर्णयों को मार्गदर्शित करने वाला नैतिक दिशा-निर्देश प्रदान करती है। शिक्षा वैश्विक नागरिकता को बढ़ावा देने में एक महत्वपूर्ण भूमिका निभाती है, जो छात्रों को एक जटिल और परस्पर जुड़े हुए विश्व में नेविगेट करने के लिए आवश्यक ज्ञान, कौशल, और मूल्यों से सुसज्जित करती है। वैश्विक नागरिकता को अपनाकर, हम सभी के लिए एक अधिक न्यायपूर्ण, समान, और टिकाऊ भविष्य बना सकते हैं।

सजगता और भलाई आधुनिक जीवन की जटिलताओं को नेविगेट करने के लिए आवश्यक हैं। आइए हम अपने छात्रों को आंतरिक शांति, भावनात्मक लचीलापन, और स्वयं और दूसरों के प्रति करुणा विकसित करना सिखाएँ। याद रखें, सच्चा सुख बाहरी उपलब्धियों से नहीं, बल्कि आंतरिक शांति से आता है।

10

प्रौद्योगिकी और नैतिकता: डिजिटल युग में मार्गदर्शन

डिजिटल युग, जो प्रौद्योगिकी की तीव्र प्रगति से परिभाषित होता है, ने हमारे जीवन जीने, काम करने और एक-दूसरे के साथ संवाद करने के तरीकों में अभूतपूर्व बदलाव लाए हैं। हालाँकि इन प्रगतियों ने कई तरीकों से हमारे जीवन को बेहतर बनाया है, लेकिन उन्होंने नैतिक प्रश्नों और चुनौतियों की एक बड़ी संख्या को भी जन्म दिया है। यह सुनिश्चित करने के लिए कि प्रौद्योगिकी प्रगति मानव मूल्यों के अनुरूप हो और व्यापक भलाई की सेवा करे, इसके नैतिक प्रभावों का मार्गदर्शन करना अनिवार्य है।

डिजिटल युग ने सूचना तक पहुँचने और साझा करने के तरीके में एक बड़ा बदलाव लाया है। इंटरनेट ज्ञान का एक विशाल भंडार बन गया है, जो किसी भी कनेक्शन वाले व्यक्ति के लिए सुलभ है। हालाँकि, सूचना के लोकतंत्रीकरण ने गलत जानकारी, नफरत फैलाने वाले भाषण, और ऑनलाइन उत्पीड़न के प्रसार को भी जन्म दिया है। डिजिटल नागरिकों के रूप में, हमारी नैतिक जिम्मेदारी है कि हम जानकारी के विवेकपूर्ण उपभोक्ता बनें, स्रोतों का आलोचनात्मक रूप से मूल्यांकन करें, और हानिकारक सामग्री के प्रसार में योगदान न करें।

सोशल मीडिया प्लेटफॉर्म ने संचार में क्रांति ला दी है, दुनिया के हर कोने के लोगों

को जोड़ा है। हालाँकि, इन प्लेटफार्मों का उपयोग जनमत को प्रभावित करने, प्रोपेगेंडा फैलाने और हिंसा भड़काने के लिए भी किया गया है। सोशल मीडिया को चलाने वाले एल्गोरिदम फ़िल्टर बबल बना सकते हैं, जहाँ व्यक्ति केवल वही जानकारी देखते हैं जो उनके मौजूदा पूर्वाग्रहों की पुष्टि करती है। इससे ध्रुवीकरण और नागरिक संवाद का टूटना हो सकता है। सोशल मीडिया उपयोगकर्ताओं के रूप में, हमारी नैतिक जिम्मेदारी है कि हम अपने शब्दों और कार्यों के प्रभाव के प्रति सजग रहें, विविध दृष्टिकोणों की तलाश करें, और सम्मानजनक संवाद में संलग्न हों।

कृत्रिम बुद्धिमत्ता (AI) स्वास्थ्य सेवा से लेकर परिवहन और शिक्षा तक हमारे जीवन के कई पहलुओं को बदलने के लिए तैयार है। हालाँकि, AI के विकास और तैनाती ने पूर्वाग्रह, भेदभाव, और रोजगार के विस्थापन जैसे नैतिक चिंताओं को उठाया है। AI एल्गोरिदम अक्सर पक्षपाती डेटा पर प्रशिक्षित होते हैं, जो भेदभावपूर्ण परिणाम दे सकते हैं। उदाहरण के लिए, चेहरे की पहचान तकनीक को गहरे रंग की त्वचा वाले लोगों के लिए कम सटीक पाया गया है। AI के डेवलपर्स और उपयोगकर्ताओं के रूप में, हमारी नैतिक जिम्मेदारी है कि हम यह सुनिश्चित करें कि AI प्रणाली निष्पक्ष, पारदर्शी और उत्तरदायी हों।

डिजिटल प्लेटफॉर्म द्वारा संचालित गिग अर्थव्यवस्था ने लचीले काम के लिए नए अवसर प्रदान किए हैं। हालाँकि, इसने श्रमिक अधिकारों, नौकरी की सुरक्षा, और उचित मुआवजे के बारे में चिंताओं को भी उठाया है। गिग कार्यकर्ता अक्सर स्वास्थ्य बीमा और भुगतान अवकाश जैसे लाभों तक पहुँच नहीं रखते हैं और प्लेटफ़ॉर्म कंपनियों द्वारा शोषण का शिकार हो सकते हैं। गिग अर्थव्यवस्था सेवाओं के उपभोक्ताओं के रूप में, हमारी नैतिक जिम्मेदारी है कि हम उचित श्रम प्रथाओं का समर्थन करें और गिग श्रमिकों के अधिकारों के लिए वकालत करें।

गोपनीयता डिजिटल युग में एक और प्रमुख नैतिक चिंता है। कंपनियों और सरकारों द्वारा एकत्र किए गए डेटा की विशाल मात्रा का उपयोग हमारे आंदोलनों को ट्रैक करने, हमारे व्यवहार की निगरानी करने, और यहाँ तक कि हमारी प्राथमिकताओं की भविष्यवाणी करने के लिए किया जा सकता है। इस डेटा का उपयोग लक्षित विज्ञापन जैसे सरल उद्देश्यों के लिए किया जा सकता है, लेकिन इसका उपयोग भेदभाव या निगरानी जैसे दुष्ट उद्देश्यों के लिए भी किया जा

सकता है। डिजिटल नागरिकों के रूप में, हमारी नैतिक जिम्मेदारी है कि हम अपनी गोपनीयता की रक्षा करें, हम जो डेटा साझा करते हैं उसके प्रति जागरूक रहें, और मजबूत गोपनीयता सुरक्षा की वकालत करें।

डिजिटल युग पारंपरिक बौद्धिक संपदा की धारणाओं को भी चुनौती देता है। डिजिटल सामग्री को आसानी से कॉपी और साझा किया जा सकता है, जिससे व्यापक कॉपीराइट उल्लंघन हुआ है। साथ ही, ओपन-सोर्स मूवमेंट ने सहयोग की शक्ति और नवाचार की क्षमता को प्रदर्शित किया है, जब ज्ञान को स्वतंत्र रूप से साझा किया जाता है। डिजिटल सामग्री के रचनाकारों और उपभोक्ताओं के रूप में, हमारी नैतिक जिम्मेदारी है कि हम बौद्धिक संपदा अधिकारों का सम्मान करें और साथ ही ज्ञान की खुली पहुँच का समर्थन करें।

प्रौद्योगिकी के नैतिक प्रभावों को नेविगेट करने के लिए एक बहुआयामी दृष्टिकोण की आवश्यकता होती है। शिक्षा नैतिक मुद्दों के प्रति जागरूकता बढ़ाने और व्यक्तियों को सूचित निर्णय लेने के लिए सशक्त बनाने में महत्वपूर्ण भूमिका निभाती है। स्कूलों, विश्वविद्यालयों, और सामुदायिक संगठनों को डिजिटल नैतिकता पर पाठ्यक्रम और कार्यशालाएँ प्रदान करनी चाहिए, छात्रों को प्रौद्योगिकी के संभावित जोखिमों और लाभों के बारे में सिखाना चाहिए, और इसे जिम्मेदारी से कैसे उपयोग करना चाहिए।

नीति निर्माताओं की भी एक महत्वपूर्ण भूमिका है। उन्हें ऐसे नियम विकसित करने की आवश्यकता है जो गोपनीयता की रक्षा करें, निष्पक्षता सुनिश्चित करें, और प्रौद्योगिकी के विकास और तैनाती में जवाबदेही को बढ़ावा दें। उन्हें उभरती हुई प्रौद्योगिकियों जैसे AI और जैव प्रौद्योगिकी की नैतिक चुनौतियों को संबोधित करने के लिए अनुसंधान और विकास में निवेश करने की भी आवश्यकता है।

अंततः, प्रौद्योगिकी के नैतिक प्रभावों को नेविगेट करने की जिम्मेदारी हम सभी पर है। डिजिटल नागरिकों के रूप में, हमारा कर्तव्य है कि हम प्रौद्योगिकी का जिम्मेदारी से उपयोग करें, इसके हमारे और दूसरों पर पड़ने वाले प्रभाव के प्रति जागरूक रहें, और एक डिजिटल भविष्य की वकालत करें जो हमारे मूल्यों और आकांक्षाओं के अनुरूप हो। साथ मिलकर काम करके, हम यह सुनिश्चित कर

सकते हैं कि प्रौद्योगिकी प्रगति व्यापक भलाई की सेवा करे और एक अधिक न्यायपूर्ण, समान, और टिकाऊ विश्व में योगदान दे।

रचनात्मकता और कल्पना शक्तिशाली ताकतें हैं जो दुनिया को आकार दे सकती हैं। आइए हम अपने छात्रों को उनकी रचनात्मकता का पता लगाने और अपनी कल्पना का उपयोग करके एक बेहतर भविष्य की परिकल्पना करने के लिए प्रोत्साहित करें। याद रखें, सबसे नवीन समाधान अक्सर सबसे अप्रत्याशित स्थानों से आते हैं।

11

पर्यावरणीय जिम्मेदारी: एक सतत भविष्य के लिए शिक्षा

जलवायु परिवर्तन, प्रदूषण, और संसाधनों की कमी के युग में, पर्यावरणीय जिम्मेदारी मानवता के लिए एक महत्वपूर्ण आवश्यकता बन गई है। हमारे ग्रह और आने वाली पीढ़ियों का भविष्य इस पर निर्भर करता है कि हम सतत प्रथाओं को अपनाने और मानवीय गतिविधियों के प्रतिकूल प्रभावों को कम करने में कितने सक्षम हैं। शिक्षा पर्यावरणीय जिम्मेदारी को बढ़ावा देने में एक केंद्रीय भूमिका निभाती है, क्योंकि यह व्यक्तियों को सूचित निर्णय लेने और सार्थक कार्य करने के लिए आवश्यक ज्ञान, कौशल, और मूल्यों से सशक्त बनाती है।

पर्यावरणीय शिक्षा केवल पारिस्थितिक तंत्रों और पर्यावरणीय मुद्दों के बारे में जानकारी प्रदान करने तक सीमित नहीं है। यह हमारे प्राकृतिक विश्व के साथ आपसी संबंध की गहरी समझ विकसित करने और ग्रह के लिए जिम्मेदारी की भावना को बढ़ावा देने के बारे में है। यह व्यक्तियों को परिवर्तन के एजेंट बनने के लिए सशक्त बनाती है, जो सततता और पर्यावरणीय कल्याण को प्राथमिकता देने वाले सूचित निर्णय लेने में सक्षम हों।

पर्यावरणीय शिक्षा का मुख्य उद्देश्य जागरूकता बढ़ाना है। यह व्यक्तियों को जलवायु परिवर्तन, प्रदूषण, वनों की कटाई, और जैव विविधता की हानि जैसे

जटिल पर्यावरणीय चुनौतियों के बारे में सूचित करती है। यह इन समस्याओं के मूल कारणों, जैसे कि अस्थिर खपत पैटर्न, जनसंख्या वृद्धि, और संसाधनों के असमान वितरण के बारे में भी शिक्षित करती है। जागरूकता बढ़ाकर, पर्यावरणीय शिक्षा एक तात्कालिकता की भावना को प्रेरित कर सकती है और व्यक्तियों को कार्रवाई के लिए प्रेरित कर सकती है।

जागरूकता से आगे, पर्यावरणीय शिक्षा ज्ञान और समझ का निर्माण करती है। यह पर्यावरणीय मुद्दों के पीछे के विज्ञान में गहराई से उतरती है और मानव गतिविधियों और प्राकृतिक दुनिया के बीच जटिल अंतःक्रियाओं की खोज करती है। यह छात्रों को पारिस्थितिक सिद्धांतों, जैव विविधता, जलवायु परिवर्तन, और सतत संसाधन प्रबंधन के बारे में सिखाती है। पर्यावरण विज्ञान में एक मजबूत आधार प्रदान करके, शिक्षा व्यक्तियों को सूचित निर्णय लेने और सतत समाधान के लिए वकालत करने के लिए सशक्त बना सकती है।

पर्यावरणीय शिक्षा आलोचनात्मक सोच कौशल के विकास पर भी जोर देती है। यह छात्रों को मान्यताओं पर सवाल उठाने, जानकारी का विश्लेषण करने, और प्रमाणों का मूल्यांकन करने के लिए प्रोत्साहित करती है। यह उन्हें जटिल समस्याओं के बारे में व्यवस्थित रूप से सोचने और उनके निर्णयों के सामाजिक, आर्थिक, और पर्यावरणीय प्रभावों पर विचार करने के लिए सिखाती है। आलोचनात्मक सोच को बढ़ावा देकर, पर्यावरणीय शिक्षा व्यक्तियों को जानकारी के विवेकपूर्ण उपभोक्ता बनने और सततता को प्राथमिकता देने वाले सूचित विकल्प बनाने के लिए सशक्त करती है।

मूल्य पर्यावरणीय शिक्षा में एक केंद्रीय भूमिका निभाते हैं। यह प्राकृतिक विश्व के प्रति सम्मान, अन्य प्रजातियों के साथ हमारी परस्पर निर्भरता की पहचान, और भविष्य की पीढ़ियों के लिए ग्रह की रक्षा करने की प्रतिबद्धता को विकसित करती है। यह छात्रों को पर्यावरणीय मुद्दों के नैतिक आयामों, जैसे कि भविष्य की पीढ़ियों के अधिकार, प्रकृति का आंतरिक मूल्य, और सतत विकास प्राप्त करने में विकसित देशों की सहायता करने की जिम्मेदारी के बारे में सिखाती है।

पर्यावरणीय शिक्षा कक्षा तक सीमित नहीं है। यह समुदाय तक फैली हुई है, जहाँ छात्र वृक्षारोपण, सामुदायिक बागवानी, और कचरे में कमी की पहलों जैसे

व्यावहारिक गतिविधियों में भाग ले सकते हैं। ये अनुभव न केवल उनके पर्यावरणीय मुद्दों की समझ को गहरा करते हैं, बल्कि स्वामित्व और सशक्तिकरण की भावना को भी बढ़ावा देते हैं। अपने समुदायों में कार्रवाई करके, छात्र अपने प्रयासों के मूर्त प्रभाव देख सकते हैं और सतत भविष्य में योगदान देने में गर्व महसूस कर सकते हैं।

पाठ्यक्रम में पर्यावरणीय शिक्षा का एकीकरण 21वीं सदी की चुनौतियों के लिए छात्रों को तैयार करने के लिए आवश्यक है। उन्हें ज्ञान, कौशल, और मूल्यों से लैस करके, हम उन्हें जिम्मेदार पर्यावरणीय संरक्षक बनने के लिए सशक्त बना सकते हैं। पर्यावरणीय शिक्षा एक आजीवन प्रयास होना चाहिए, जो बचपन से शुरू होकर वयस्कता तक जारी रहे। पर्यावरणीय शिक्षा में निवेश करके, हम अपने ग्रह के भविष्य में निवेश कर रहे हैं और आने वाली पीढ़ियों के लिए एक स्थायी भविष्य सुनिश्चित कर रहे हैं।

पर्यावरणीय जिम्मेदारी और एक स्थायी भविष्य के लिए शिक्षा का महत्व अत्यधिक महत्वपूर्ण है। जिन चुनौतियों का हम सामना कर रहे हैं, वे जटिल और बहुआयामी हैं, जिन्हें सामूहिक कार्रवाई और प्राकृतिक दुनिया के साथ हमारे संबंध में एक मौलिक बदलाव की आवश्यकता है। व्यक्तियों को ज्ञान, कौशल, और मूल्यों से सशक्त बनाकर, पर्यावरणीय शिक्षा एक अधिक सतत और समान भविष्य को आकार देने में एक महत्वपूर्ण भूमिका निभा सकती है।

नेतृत्व शक्ति और नियंत्रण के बारे में नहीं है; यह सेवा और सशक्तिकरण के बारे में है। आइए हम अपने छात्रों को दूसरों की सेवा करने और समाज की बेहतरी के लिए काम करने वाले नेता बनने के लिए प्रेरित करें। याद रखें, सच्चे नेता वे होते हैं जो दूसरों को अपना सर्वश्रेष्ठ बनने के लिए प्रेरित करते हैं।

12

विविधता और समावेशन: सभी आवाज़ों का सम्मान

एक ऐसे विश्व में, जो तेजी से परस्पर जुड़ा और विविध हो रहा है, विविधता और समावेशन की अवधारणाएँ प्रमुख स्थान ले रही हैं। ये अवधारणाएँ केवल भिन्नताओं को सहने तक सीमित नहीं हैं; ये उस समृद्धि को अपनाने और मनाने के बारे में हैं, जो विविधता हमारे जीवन में लाती है। सभी आवाज़ों का सम्मान करने का अर्थ है यह मान्यता देना कि हर व्यक्ति, चाहे उनका पृष्ठभूमि कुछ भी हो, कुछ अनूठा और मूल्यवान योगदान देने की क्षमता रखता है। इसका अर्थ एक ऐसा स्थान बनाना है, जहाँ हर व्यक्ति को देखा, सुना, और उनके अस्तित्व के लिए सम्मानित महसूस हो।

विविधता मानव अनुभवों की एक विस्तृत श्रृंखला को समेटती है, जिसमें जाति, जातीयता, लिंग, यौन अभिविन्यास, आयु, धर्म, सामाजिक-आर्थिक स्थिति, और क्षमता शामिल हैं। यह मानव भिन्नताओं का वह चित्र है, जो हमारे समुदायों, कार्यस्थलों, और संस्थानों को समृद्ध करता है। जब हम विविधता का सम्मान करते हैं, तो हम यह स्वीकार करते हैं कि ये भिन्नताएँ बाधाएँ नहीं हैं, जिन्हें पार करना है, बल्कि ताकतें हैं, जिनका उपयोग किया जा सकता है।

समावेशन, दूसरी ओर, एक ऐसा वातावरण सक्रिय रूप से बनाने का संदर्भ देता है,

जहाँ हर कोई स्वागत और शामिल महसूस करे। यह सुनिश्चित करने के बारे में है कि सभी को भाग लेने, योगदान देने, और सफल होने के लिए समान अवसर मिलें। समावेशन केवल विविध व्यक्तियों को शामिल करने तक सीमित नहीं है; यह ऐसा स्थान बनाने के बारे में है, जहाँ हर कोई अपने दृष्टिकोण साझा करने में सहज महसूस करे, और उनकी आवाज़ों को सुना और सम्मानित किया जाए।

सभी आवाज़ों का सम्मान करना केवल एक नैतिक आवश्यकता नहीं है; यह एक व्यावहारिक आवश्यकता भी है। जब हम कुछ आवाज़ों को बातचीत से बाहर कर देते हैं, तो हम मूल्यवान अंतर्दृष्टि और दृष्टिकोणों को खो देते हैं। हम अधूरी या पक्षपाती जानकारी पर आधारित निर्णय लेने का जोखिम उठाते हैं। सभी आवाज़ों का सम्मान करके, हम अपने समुदायों की सामूहिक बुद्धिमत्ता का उपयोग कर सकते हैं और ऐसे बेहतर निर्णय ले सकते हैं, जो सभी के लिए लाभकारी हों।

शिक्षा के संदर्भ में, सभी आवाज़ों का सम्मान करने का अर्थ है ऐसा शिक्षण वातावरण बनाना, जहाँ हर छात्र को देखा, सुना, और सम्मानित महसूस हो। इसका अर्थ यह पहचानना है कि छात्र विविध पृष्ठभूमियों से आते हैं और उनकी सीखने की शैलियाँ, रुचियाँ, और आवश्यकताएँ भिन्न होती हैं। इसका अर्थ यह सुनिश्चित करना है कि सभी छात्रों को उनकी पृष्ठभूमि या परिस्थितियों के बावजूद संसाधनों और अवसरों तक समान पहुँच प्राप्त हो।

शिक्षक कक्षा में सभी आवाज़ों का सम्मान करने में महत्वपूर्ण भूमिका निभाते हैं। वे स्पष्ट रूप से सम्मानजनक व्यवहार की अपेक्षाएँ स्थापित करके, समावेशी भाषा का उपयोग करने का उदाहरण देकर, और अपने पाठ्यक्रम और शिक्षण प्रथाओं में विविधता का जश्न मनाकर एक सुरक्षित और समावेशी स्थान बना सकते हैं। वे छात्रों को चर्चाओं, समूह कार्य, और प्रस्तुतियों के माध्यम से अपने दृष्टिकोण साझा करने के अवसर भी प्रदान कर सकते हैं।

कक्षा से परे, स्कूल विविधता और समावेशन की संस्कृति को बढ़ावा देने के लिए विविध पाठ्येतर गतिविधियाँ प्रदान कर सकते हैं, सांस्कृतिक आयोजनों का आयोजन कर सकते हैं, और कम प्रतिनिधित्व वाले समूहों के छात्रों के लिए संसाधन उपलब्ध करा सकते हैं। वे अपनी नीतियों और प्रथाओं में पूर्वाग्रह और भेदभाव को समाप्त करने के लिए भी काम कर सकते हैं।

सभी आवाज़ों का सम्मान करना केवल व्यक्तिगत छात्रों के लिए महत्वपूर्ण नहीं है; यह हमारे समुदायों और समाज की समग्र भलाई के लिए भी आवश्यक है। जब हम ऐसे समावेशी समुदाय बनाते हैं, जहाँ हर कोई मूल्यवान महसूस करता है, तो हम जुड़ाव और आत्मीयता की भावना को बढ़ावा देते हैं। हम मजबूत सामाजिक बंधन बनाते हैं और संघर्ष को कम करते हैं। हम एक अधिक जीवंत और गतिशील समाज भी बनाते हैं, जहाँ नवाचार और रचनात्मकता फलती-फूलती है।

कार्यस्थल में, सभी आवाज़ों का सम्मान करना एक उत्पादक और प्रेरक कार्य वातावरण बनाने के लिए आवश्यक है। जब कर्मचारी सम्मानित और शामिल महसूस करते हैं, तो वे अपने कार्य के प्रति अधिक प्रेरित, संलग्न, और प्रतिबद्ध होते हैं। वे अपने विचार और दृष्टिकोण साझा करने की अधिक संभावना रखते हैं, जो बेहतर निर्णय लेने और नवाचार का मार्ग प्रशस्त कर सकते हैं।

एक अधिक समावेशी कार्यस्थल बनाने के लिए, संगठन विविधता और समावेशन प्रशिक्षण कार्यक्रम लागू कर सकते हैं, कर्मचारी संसाधन समूह बना सकते हैं, और परामर्श कार्यक्रम स्थापित कर सकते हैं। वे यह सुनिश्चित करने के लिए अपनी भर्ती और पदोन्नति प्रथाओं की समीक्षा भी कर सकते हैं कि वे निष्पक्ष और समान हों।

सभी आवाज़ों का सम्मान करना एक सतत प्रक्रिया है, जिसके लिए निरंतर प्रयास और प्रतिबद्धता की आवश्यकता होती है। यह हमारे अपने पूर्वाग्रहों और धारणाओं को चुनौती देने, सहानुभूति और सम्मान के साथ दूसरों की सुनने, और ऐसे स्थान बनाने के बारे में है, जहाँ हर कोई अपने अनुभव और दृष्टिकोण साझा करने में सुरक्षित महसूस करे। जब हम सभी आवाज़ों का सम्मान करते हैं, तो हम सभी के लिए एक अधिक न्यायपूर्ण, समान, और समावेशी विश्व का निर्माण करते हैं।

निष्कर्षतः, विविधता और समावेशन केवल शब्द नहीं हैं; वे बुनियादी सिद्धांत हैं, जो हमारे पारस्परिक संबंधों का मार्गदर्शन करने चाहिए। सभी आवाज़ों का सम्मान करने का अर्थ है उस अनूठे योगदान को पहचानना, जो प्रत्येक व्यक्ति लेकर आता है। इसका अर्थ एक ऐसा स्थान बनाना है, जहाँ हर कोई अपने

अस्तित्व के लिए देखा, सुना, और सम्मानित महसूस करे। सभी आवाज़ों का सम्मान करके, हम मजबूत समुदायों का निर्माण कर सकते हैं, अधिक नवीन कार्यस्थल बना सकते हैं, और एक अधिक न्यायपूर्ण और समान समाज को बढ़ावा दे सकते हैं।

कला और संस्कृति केवल मनोरंजन के साधन नहीं हैं; वे नैतिक अभिव्यक्ति और सामाजिक टिप्पणी के लिए शक्तिशाली उपकरण हैं। आइए हम अपने छात्रों को कला और संस्कृति में शामिल होने के लिए प्रोत्साहित करें और अन्याय को चुनौती देने और बदलाव को प्रेरित करने के लिए अपनी रचनात्मक आवाज़ों का उपयोग करने के लिए प्रेरित करें। याद रखें, कला में दिलों और दिमागों को उस तरह से हिलाने की शक्ति है, जैसा केवल शब्द नहीं कर सकते।

13

सामाजिक न्याय: छात्रों को बदलाव लाने के लिए सशक्त बनाना

सामाजिक न्याय की अवधारणा लंबे समय से दुनिया भर के समाजों में सकारात्मक बदलाव का प्रेरक शक्ति रही है। यह समुदाय के सभी सदस्यों के लिए निष्पक्षता, समानता, और समान अवसर की खोज है, चाहे उनकी पृष्ठभूमि, पहचान, या परिस्थितियाँ कुछ भी हों। शिक्षा के संदर्भ में, सामाजिक न्याय केवल छात्रों को निष्पक्षता और समानता के आदर्शों के बारे में सिखाने तक सीमित नहीं है; यह उन्हें अन्याय को चुनौती देने, हाशिए पर पड़े समूहों के लिए वकालत करने, और एक अधिक समान दुनिया बनाने के लिए सक्रिय रूप से सशक्त बनाने का कार्य है।

शिक्षा भविष्य की पीढ़ियों के मूल्यों और विश्वासों को आकार देने में एक महत्वपूर्ण भूमिका निभाती है। छात्रों को सामाजिक न्याय की अवधारणाओं से परिचित कराकर, शिक्षक सामाजिक बदलाव के प्रति एक जुनून जगा सकते हैं और उन्हें बदलाव लाने के उपकरण प्रदान कर सकते हैं। शिक्षा के माध्यम से ही युवा लोग समाज में मौजूद प्रणालीगत असमानताओं, न्याय के लिए ऐतिहासिक संघर्षों, और एक अधिक समावेशी दुनिया बनाने के लिए चल रहे प्रयासों के बारे में सीखते हैं।

छात्रों को बदलाव लाने के लिए सशक्त बनाना आलोचनात्मक चेतना विकसित करने से शुरू होता है। इसमें छात्रों को सामाजिक अन्याय के मूल कारणों, जैसे नस्लवाद, लिंगभेद, गरीबी, और भेदभाव को समझने में मदद करना शामिल है। यह उन्हें उन सामाजिक मानदंडों और शक्ति संरचनाओं पर प्रश्न उठाने के लिए प्रोत्साहित करता है, जो असमानता को बनाए रखते हैं। आलोचनात्मक चेतना विकसित करके, छात्र अपनी सामाजिक स्थिति और अपनी पहचान के आधार पर उन्हें मिलने वाले विशेषाधिकारों या नुकसान के प्रति जागरूक हो जाते हैं।

एक बार जब छात्र सामाजिक अन्याय के प्रति आलोचनात्मक जागरूकता विकसित कर लेते हैं, तो वे कार्रवाई करने के लिए सशक्त हो सकते हैं। इसमें वकालत अभियानों में भाग लेना, सामुदायिक संगठनों के लिए स्वयंसेवा करना, या विरोध प्रदर्शन और रैलियों का आयोजन करना शामिल हो सकता है। छात्र अपने विचारों को व्यक्त करने के लिए अपनी आवाज़ का उपयोग कर सकते हैं, चाहे वह निर्वाचित अधिकारियों को पत्र लिखकर, सोशल मीडिया अभियानों का निर्माण करके, या दोस्तों और परिवार के साथ बातचीत में शामिल होकर हो।

छात्रों को बदलाव लाने के लिए सशक्त बनाने में उन्हें प्रभावी वकालत के लिए आवश्यक कौशल सिखाना भी शामिल है। इसमें आलोचनात्मक सोच कौशल, संचार कौशल, और समस्या-समाधान कौशल शामिल हैं। छात्रों को जटिल सामाजिक मुद्दों पर शोध और विश्लेषण करने, अपने विचारों को स्पष्ट और प्रभावी ढंग से व्यक्त करने, और समाधानों को विकसित और लागू करने के लिए दूसरों के साथ सहयोग करने में सक्षम होना चाहिए।

स्कूल छात्रों को बदलाव लाने के लिए सशक्त बनाने में एक महत्वपूर्ण भूमिका निभा सकते हैं, जिससे एक सहायक और समावेशी शिक्षण वातावरण का निर्माण हो सके। इसमें विविधता के प्रति सम्मान की संस्कृति को बढ़ावा देना, खुले संवाद और बहस को प्रोत्साहित करना, और छात्रों को एक सुरक्षित और सहायक वातावरण में सामाजिक न्याय के मुद्दों का पता लगाने के अवसर प्रदान करना शामिल है। स्कूल पाठ्येतर गतिविधियाँ, जैसे सामाजिक न्याय क्लब या स्वयंसेवा कार्यक्रम, भी प्रदान कर सकते हैं, जो छात्रों को अपने मूल्यों को क्रियान्वित करने के अवसर प्रदान करते हैं।

शिक्षक भी छात्रों को सामाजिक बदलाव के लिए सशक्त बनाने में आवश्यक हैं। वे अपने जीवन में सामाजिक न्याय के प्रति प्रतिबद्धता दिखाकर और एक ऐसा कक्षा वातावरण बनाकर, जो विविधता को महत्व देता हो और आलोचनात्मक सोच को प्रोत्साहित करता हो, आदर्श बन सकते हैं। शिक्षक अपने पाठ्यक्रम में सामाजिक न्याय विषयों को शामिल कर सकते हैं, असमानता के प्रभाव और सामाजिक कार्य की आवश्यकता को दर्शाने के लिए वास्तविक जीवन के उदाहरणों का उपयोग कर सकते हैं।

छात्रों को बदलाव लाने के लिए सशक्त बनाने के लाभ व्यापक हैं। जो छात्र सामाजिक न्याय के मुद्दों में शामिल होते हैं, उनके सक्रिय और जागरूक नागरिक बनने की संभावना अधिक होती है। वे नागरिक जीवन में भाग लेने और अपने समुदायों में सकारात्मक योगदान करने की संभावना रखते हैं। वे अधिक सहानुभूतिपूर्ण, करुणामय, और दूसरों के प्रति समझ रखने वाले होते हैं, चाहे उनकी पृष्ठभूमि या परिस्थितियाँ कुछ भी हों।

छात्रों को बदलाव लाने के लिए सशक्त बनाना न केवल व्यक्तियों और समुदायों के लिए लाभकारी है, बल्कि यह हमारे ग्रह के भविष्य के लिए भी आवश्यक है। जिन चुनौतियों का हम सामना कर रहे हैं, जैसे जलवायु परिवर्तन, गरीबी, और असमानता, सामूहिक कार्रवाई और सामाजिक न्याय के प्रति प्रतिबद्धता की आवश्यकता है। युवा लोगों को परिवर्तन के एजेंट बनने के लिए सशक्त करके, हम सभी के लिए एक अधिक न्यायपूर्ण, समान, और स्थायी भविष्य में निवेश कर रहे हैं।

निष्कर्षतः, छात्रों को बदलाव लाने के लिए सशक्त बनाना 21वीं सदी की शिक्षा का एक महत्वपूर्ण पहलू है। आलोचनात्मक चेतना को बढ़ावा देकर, वकालत कौशल सिखाकर, और एक सहायक शिक्षण वातावरण बनाकर, शिक्षक युवा लोगों में सामाजिक न्याय के प्रति जुनून जगा सकते हैं और उन्हें एक अधिक समान और समावेशी दुनिया बनाने के लिए तैयार कर सकते हैं। जिन चुनौतियों का हम सामना कर रहे हैं, वे जटिल और बहुआयामी हैं, लेकिन अगली पीढ़ी को कार्रवाई करने के लिए सशक्त बनाकर, हम सभी के लिए एक उज्जवल भविष्य का निर्माण कर सकते हैं।

༒

मूल्यांकन और आकलन केवल शैक्षणिक उपलब्धियों को नहीं मापना चाहिए; उन्हें नैतिक विकास और चरित्र निर्माण को भी आंकना चाहिए। आइए हम समग्र मूल्यांकन विधियाँ विकसित करें, जो मानव क्षमता की पूरी श्रृंखला को समेटें। याद रखें, शिक्षा केवल छात्रों को परीक्षाओं के लिए तैयार करने के बारे में नहीं है; यह उन्हें जीवन के लिए तैयार करने के बारे में है।

❧

14

सजगता और कल्याण: आंतरिक शांति का संवर्धन

एक ऐसे विश्व में, जहाँ निरंतर उत्तेजनाएँ, अंतहीन माँगें, और जीवन की तेज़ रफ्तार हावी है, आंतरिक शांति पाना एक कठिन लेकिन आवश्यक प्रयास बन गया है। बाहरी उपलब्धियों और भौतिक संपत्तियों की लगातार खोज अक्सर व्यक्तियों को खाली और अधूरेपन का अनुभव कराती है। ऐसे में, सजगता और कल्याण आंतरिक शांति को विकसित करने, भावनात्मक लचीलापन बढ़ाने, और समग्र कल्याण को बढ़ावा देने के लिए शक्तिशाली उपकरण के रूप में उभरे हैं।

सजगता, मूल रूप से, बिना किसी निर्णय के वर्तमान क्षण पर ध्यान केंद्रित करने का अभ्यास है। इसमें हमारे विचारों, भावनाओं, शारीरिक संवेदनाओं, और बाहरी वातावरण की जागरूकता को विकसित करना शामिल है, बिना उनमें उलझे। वर्तमान क्षण में खुद को स्थिर करके, हम अतीत के विचारों और भविष्य की चिंताओं के चक्र से बाहर निकल सकते हैं, जो अक्सर तनाव और चिंता को बढ़ावा देते हैं।

सजगता का अभ्यास प्राचीन चिंतनशील परंपराओं, जैसे बौद्ध धर्म और योग में गहराई से निहित है। हालाँकि, हाल के दशकों में, सजगता को स्वास्थ्य सेवा, शिक्षा, और कार्यस्थल जैसे धर्मनिरपेक्ष संदर्भों में व्यापक मान्यता और स्वीकृति

मिली है। कई अध्ययनों ने मानसिक और शारीरिक स्वास्थ्य पर सजगता के सकारात्मक प्रभावों को दिखाया है, जिनमें तनाव, चिंता, और अवसाद को कम करना, नींद में सुधार करना, और प्रतिरक्षा प्रणाली को मजबूत करना शामिल है।

कल्याण, दूसरी ओर, जीवन के शारीरिक, मानसिक, भावनात्मक, सामाजिक, और आध्यात्मिक पहलुओं को समेटने वाली बहुआयामी अवधारणा है। यह केवल बीमारी या संकट की अनुपस्थिति नहीं है, बल्कि एक ऐसी अवस्था है, जहाँ व्यक्ति उद्देश्य, अर्थ, और खुद से और दूसरों से जुड़ाव महसूस करते हैं। हालाँकि बाहरी कारक, जैसे धन, स्थिति, और संबंध, कल्याण में योगदान कर सकते हैं, सच्चा कल्याण भीतर से उत्पन्न होता है, गहरी आंतरिक शांति और संतोष की भावना से।

सजगता और कल्याण के माध्यम से आंतरिक शांति विकसित करना एक यात्रा है, जिसके लिए प्रतिबद्धता, धैर्य, और आत्म-सहानुभूति की आवश्यकता होती है। इसमें नियमित सजगता अभ्यास विकसित करना शामिल है, जैसे ध्यान, योग, या सजग गतिशीलता। ये अभ्यास मन को शांत करने, वर्तमान क्षण की जागरूकता को बढ़ाने, और विचारों और भावनाओं के प्रति एक गैर-प्रतिक्रियाशील दृष्टिकोण विकसित करने में मदद करते हैं।

औपचारिक सजगता अभ्यासों के अलावा, आंतरिक शांति को विकसित करने में इसे हमारे दैनिक जीवन में एकीकृत करना भी शामिल है। यह हमारे रोज़मर्रा के कार्यों, जैसे भोजन करना, चलना, या बर्तन धोना, पूर्ण जागरूकता के साथ करने के द्वारा किया जा सकता है। इसमें दिन भर में ठहरने, साँस लेने, और वर्तमान क्षण से जुड़ने के लिए समय निकालना भी शामिल हो सकता है।

आंतरिक शांति को विकसित करने के लाभ गहरे हैं। जो लोग सजगता का अभ्यास करते हैं और कल्याण को प्राथमिकता देते हैं, वे तनाव, चिंता, और अवसाद के निम्न स्तर का अनुभव करते हैं। वे चुनौतियों के सामने अधिक लचीले, खुद और दूसरों के प्रति अधिक सहानुभूतिपूर्ण, और जीवन की साधारण खुशियों की अधिक सराहना करने वाले होते हैं। वे खुशी, कृतज्ञता, और प्रेम जैसी सकारात्मक भावनाओं का अनुभव करने की अधिक संभावना रखते हैं।

इसके अलावा, आंतरिक शांति का विकास न केवल व्यक्तियों पर बल्कि उनके संबंधों और समुदायों पर भी प्रभाव डाल सकता है। जब व्यक्ति अपने साथ शांति में होते हैं, तो वे दूसरों के प्रति अधिक धैर्यवान, समझने वाले, और सहायक होते हैं। वे सामाजिक व्यवहार में अधिक शामिल होने और अपने समुदायों के कल्याण में योगदान करने की अधिक संभावना रखते हैं।

शिक्षा के संदर्भ में, सजगता और कल्याण के माध्यम से आंतरिक शांति का विकास छात्रों पर एक परिवर्तनकारी प्रभाव डाल सकता है। स्कूलों में सजगता के अभ्यास सिखाकर, शिक्षक छात्रों को आत्म-जागरूकता, भावनात्मक नियमन कौशल, और लचीलापन विकसित करने में मदद कर सकते हैं। यह उनकी शैक्षणिक प्रदर्शन में सुधार कर सकता है, तनाव और चिंता को कम कर सकता है, और समग्र कल्याण को बढ़ावा दे सकता है।

आंतरिक शांति को विकसित करना कोई त्वरित समाधान या जादुई उपाय नहीं है। यह एक निरंतर प्रक्रिया है, जिसके लिए समर्पण और आत्म-सहानुभूति की आवश्यकता होती है। हालाँकि, इसके पुरस्कार असीमित हैं। सजगता को अपनाकर और कल्याण को प्राथमिकता देकर, हम एक ऐसा जीवन बना सकते हैं, जो अधिक संतोषजनक, अर्थपूर्ण, और आनंदमय हो। हम आधुनिक दुनिया के अराजकता के बीच आंतरिक शांति पा सकते हैं और ऐसा जीवन जी सकते हैं, जो हमारे सबसे गहरे मूल्यों और आकांक्षाओं के साथ जुड़ा हुआ हो।

निष्कर्षतः, सजगता और कल्याण के माध्यम से आंतरिक शांति का संवर्धन आधुनिक दुनिया की चुनौतियों को नेविगेट करने और वास्तव में संतोषजनक जीवन बनाने के लिए आवश्यक है। वर्तमान क्षण में खुद को स्थिर करके, अपने विचारों और भावनाओं की जागरूकता को बढ़ाकर, और कल्याण को प्राथमिकता देकर, हम अराजकता के बीच आंतरिक शांति पा सकते हैं और ऐसा जीवन जी सकते हैं, जो हमारे सबसे गहरे मूल्यों और आकांक्षाओं के अनुरूप हो।

जापान की शिक्षा प्रणाली में सुधार केवल नीतियों और प्रथाओं को बदलने के बारे में नहीं है; यह हमारी मानसिकता और हमारी संस्कृति को बदलने के बारे में है। आइए नवाचार, सहयोग, और छात्र-केंद्रित दृष्टिकोण को अपनाएँ, जो समग्र विकास को प्राथमिकता देता है। याद रखें, शिक्षा केवल अतीत या वर्तमान के बारे में नहीं है; यह भविष्य को आकार देने के बारे में है।

15

रचनात्मकता और नैतिकता: कल्पना की शक्ति का अन्वेषण

रचनात्मकता, नवाचार और कलात्मक अभिव्यक्ति का स्रोत, वह शक्ति है जो मानवता को आगे बढ़ाती है। यह नई सोच उत्पन्न करने, असमान अवधारणाओं के बीच संबंध बनाने, और नई संभावनाओं की कल्पना करने की क्षमता है। कल्पना, जो हमें भौतिक दुनिया की सीमाओं से परे ले जाने में सक्षम बनाती है, रचनात्मकता का प्रेरक बल है। हालाँकि, जब हम कल्पना की शक्ति का अन्वेषण करते हैं, तो हमें उन नैतिक पहलुओं का भी सामना करना पड़ता है, जो रचनात्मकता के प्रकट होने पर उत्पन्न होते हैं। रचनात्मकता और नैतिकता के बीच का यह संबंध जटिल और सूक्ष्म है, जिसमें महान भलाई और महान हानि दोनों की संभावना है।

रचनात्मकता अपने शुद्धतम रूप में मानव कौशल और मन की असीम संभावनाओं का उत्सव है। यह वह चिंगारी है जो प्रगति को प्रज्वलित करती है, नवाचार को प्रेरित करती है, और हमारे सांस्कृतिक परिदृश्य को समृद्ध करती है। पहिये के आविष्कार से लेकर इंटरनेट के निर्माण तक, रचनात्मकता मानव प्रगति का इंजन रही है। यह रचनात्मक अभिव्यक्ति के माध्यम से है कि हम अपनी गहरी भावनाओं का पता लगाते हैं, सामाजिक मानदंडों को चुनौती देते हैं, और भविष्य के लिए नई संभावनाओं की कल्पना करते हैं।

कल्पना, रचनात्मकता का आधार, हमें भौतिक दुनिया की सीमाओं से परे सोचने और जो हो सकता है उसकी कल्पना करने की अनुमति देती है। यह मन का खेल का मैदान है, जहाँ विचार पैदा होते हैं, पोषित होते हैं, और वास्तविकता में बदलते हैं। कल्पना हमें दूसरों के प्रति सहानुभूति रखने, विभिन्न दृष्टिकोणों को समझने, और ऐसी दुनिया बनाने की अनुमति देती है, जो केवल हमारे मन में मौजूद होती है। यह हमारे सपनों, हमारी आकांक्षाओं, और भविष्य के लिए हमारी आशाओं का स्रोत है।

हालाँकि, कल्पना की शक्ति दोधारी तलवार भी हो सकती है। जबकि इसका उपयोग सौंदर्य बनाने, आशा प्रेरित करने, और समझ को बढ़ावा देने के लिए किया जा सकता है, इसका उपयोग छल, धोखे, और यहाँ तक कि हानि पहुँचाने के लिए भी किया जा सकता है। डिजिटल युग में, जहाँ वास्तविकता और कल्पना के बीच की रेखाएँ धुंधली हो रही हैं, रचनात्मकता के नैतिक पहलू विशेष रूप से प्रासंगिक हो गए हैं।

डिजिटल प्रौद्योगिकियों के आगमन ने रचनात्मकता को लोकतांत्रिक बना दिया है, जिससे जीवन के हर क्षेत्र के लोग खुद को व्यक्त कर सकते हैं और अपने विचार दुनिया के साथ साझा कर सकते हैं। हालाँकि, इस लोकतंत्रीकरण ने गलत जानकारी, गहरे नकली (deepfakes), और अन्य प्रकार की डिजिटल हेरफेर के प्रसार को भी बढ़ावा दिया है। यथार्थवादी लेकिन झूठी सामग्री बनाने की क्षमता गंभीर नैतिक चिंताओं को जन्म देती है, जो व्यक्तियों और समाज दोनों के लिए हानिकारक हो सकती है।

कला और मनोरंजन के क्षेत्र में, रचनात्मकता अक्सर सीमाओं को आगे बढ़ाती है और सामाजिक मानदंडों को चुनौती देती है। जबकि यह सामाजिक बदलाव के लिए सकारात्मक बल हो सकता है, यह विवाद और अपमान का कारण भी बन सकता है। कलाकारों और रचनाकारों को अपने कार्य के नैतिक पहलुओं का सामना करना पड़ता है, अपने दर्शकों और व्यापक समुदाय पर संभावित प्रभाव पर विचार करना पड़ता है। कलात्मक स्वतंत्रता और सामाजिक जिम्मेदारी के बीच रेखा खींचने का प्रश्न एक जटिल है, जिसके लिए आसान उत्तर नहीं हैं।

व्यापार जगत में, रचनात्मकता को अक्सर नवाचार और प्रतिस्पर्धात्मक लाभ के प्रमुख चालक के रूप में देखा जाता है। हालाँकि, लाभ की खोज कभी-कभी अनैतिक प्रथाओं को जन्म दे सकती है, जैसे योजनाबद्ध अप्रचलन (planned obsolescence), भ्रामक विज्ञापन, और श्रमिकों का शोषण। उपभोक्ताओं के रूप में, हमारी नैतिक जिम्मेदारी है कि हम उन कंपनियों का समर्थन करें, जो नैतिक प्रथाओं को प्राथमिकता देती हैं, और जो ऐसा नहीं करतीं, उन्हें जवाबदेह ठहराएँ।

विज्ञान और प्रौद्योगिकी के क्षेत्र में, रचनात्मकता ज्ञान की सीमाओं को आगे बढ़ाने और वैश्विक चुनौतियों के नए समाधान विकसित करने के लिए आवश्यक है। हालाँकि, वैज्ञानिक खोजों और तकनीकी नवाचारों के दुरुपयोग की संभावना मानवाधिकारों, गोपनीयता, और पर्यावरण पर प्रभाव के बारे में नैतिक चिंताओं को जन्म देती है। वैज्ञानिकों और इंजीनियरों को नैतिक दिशानिर्देशों का पालन करना चाहिए और अपने कार्य के संभावित परिणामों पर विचार करना चाहिए।

रचनात्मकता की नैतिक चुनौतियों को नेविगेट करने के लिए हमें ऐसा ढाँचा विकसित करने की आवश्यकता है, जो अभिव्यक्ति की स्वतंत्रता और "कोई हानि न पहुँचाने" की जिम्मेदारी के बीच संतुलन बनाए। इसमें हमारे रचनात्मक प्रयासों के संभावित प्रभावों की आलोचनात्मक जागरूकता विकसित करना, सभी हितधारकों के दृष्टिकोणों पर विचार करना, और ईमानदारी, निष्पक्षता, और दूसरों के प्रति सम्मान जैसे नैतिक सिद्धांतों का पालन करना शामिल है।

शिक्षा नैतिक रचनात्मकता को बढ़ावा देने में महत्वपूर्ण भूमिका निभाती है। छात्रों को रचनात्मकता के नैतिक निहितार्थों के बारे में सिखाकर, उन्हें उनके कार्यों के संभावित परिणामों के बारे में आलोचनात्मक सोचने के लिए प्रोत्साहित करके, और उन्हें नैतिक निर्णय लेने में संलग्न होने के अवसर प्रदान करके, हम उन्हें जिम्मेदार और नैतिक रचनाकार बनने में मदद कर सकते हैं।

निष्कर्षतः, रचनात्मकता और नैतिकता एक-दूसरे से गहराई से जुड़ी हुई हैं। कल्पना की शक्ति का उपयोग भलाई और बुराई दोनों के लिए किया जा सकता है। रचनात्मकता के नैतिक निहितार्थों का अन्वेषण करके, हम यह सुनिश्चित कर सकते हैं कि हमारे रचनात्मक प्रयास एक अधिक न्यायपूर्ण, समान, और टिकाऊ दुनिया में योगदान दें।

नैतिक स्कूलों की दृष्टि कोई दूर का सपना नहीं है; यह एक ठोस लक्ष्य है जिसे हम एक साथ प्राप्त कर सकते हैं। आइए हम मूल्यों, चरित्र, और सामाजिक जिम्मेदारी की भावना को पोषित करने वाले स्कूलों को बनाने के लिए मिलकर काम करें। याद रखें, हमारे समाज का भविष्य उस शिक्षा पर निर्भर करता है, जो हम आज प्रदान करते हैं।

16

नेतृत्व और सेवा: भविष्य के परिवर्तनकर्ताओं को प्रेरित करना

नेतृत्व और सेवा की आपस में जुड़ी हुई अवधारणाएँ भविष्य की पीढ़ियों को प्रेरित करने और उन्हें बदलाव के एजेंट बनने के लिए आकार देने की अद्वितीय शक्ति रखती हैं। सच्चा नेतृत्व व्यक्तिगत लाभ या शक्ति की खोज से परे है; यह दूसरों की सेवा करने और समाज के उत्थान के प्रति गहरी प्रतिबद्धता को समेटता है। शैक्षणिक संस्थानों और समुदायों के भीतर नेतृत्व और सेवा की संस्कृति को बढ़ावा देकर, हम एक ऐसी पीढ़ी का निर्माण कर सकते हैं, जो जटिल चुनौतियों का सामना करने के लिए आवश्यक कौशल, मूल्य, और जुनून से लैस हो।

नेतृत्व को अक्सर अधिकार और निर्णय लेने से जोड़ा जाता है, लेकिन यह मूल रूप से दूसरों को एक सामान्य लक्ष्य प्राप्त करने के लिए प्रेरित करने और सशक्त बनाने के बारे में है। एक सच्चा नेता केवल आदेश देने वाला नहीं होता, बल्कि वह व्यक्ति होता है, जो दूसरों को उत्कृष्टता की खोज में प्रेरित, मार्गदर्शित, और समर्थन करता है। सामाजिक परिवर्तन के संदर्भ में, नेतृत्व बेहतर भविष्य की कल्पना करने, संसाधनों और समर्थन को जुटाने, और उस भविष्य को साकार

करने के प्रयास में दूसरों को प्रेरित करने के बारे में है।

सेवा, दूसरी ओर, दूसरों की आवश्यकताओं को अपनी आवश्यकताओं से ऊपर रखने के बारे में है। यह अपने समुदाय, देश, या व्यापक दुनिया के कल्याण में योगदान करने के बारे में है। सेवा कई रूप ले सकती है, जैसे स्थानीय स्तर पर एक सामुदायिक रसोई में स्वयंसेवा करना या वैश्विक स्वास्थ्य पहल पर काम करना। यह केवल अच्छे कार्य करने के बारे में नहीं है, बल्कि सार्थक और प्रभावशाली कार्यों में शामिल होने के बारे में है, जो सामाजिक समस्याओं के मूल कारणों को संबोधित करता है।

जब नेतृत्व और सेवा को जोड़ा जाता है, तो वे सकारात्मक परिवर्तन के लिए एक शक्तिशाली शक्ति बनाते हैं। सेवा के प्रति प्रतिबद्ध नेता गहरे उद्देश्य और दुनिया में बदलाव लाने की इच्छा से प्रेरित होते हैं। वे जोखिम लेने, यथास्थिति को चुनौती देने, और अन्याय के खिलाफ बोलने से नहीं डरते। वे दूसरों को अपने उद्देश्य में शामिल होने के लिए प्रेरित करते हैं, एक ऐसी लहर पैदा करते हैं, जो पूरे समुदायों और यहाँ तक कि राष्ट्रों को भी बदल सकती है।

शिक्षा के संदर्भ में, नेतृत्व और सेवा को बढ़ावा देने में छात्रों को नेतृत्व और सेवा के अवसर प्रदान करना शामिल है। इसे छात्र सरकार, क्लब, और स्वयंसेवा कार्यक्रम जैसी पाठ्येतर गतिविधियों के माध्यम से किया जा सकता है। इसे सेवा सीखने की परियोजनाओं के माध्यम से भी किया जा सकता है, जो शैक्षणिक शिक्षा को सामुदायिक सेवा के साथ एकीकृत करती हैं। इन गतिविधियों में भाग लेकर, छात्र संचार, सहयोग, और निर्णय लेने जैसे नेतृत्व कौशल विकसित करते हैं। वे सामाजिक जिम्मेदारी और नागरिक भागीदारी के महत्व को भी समझते हैं।

मार्गदर्शन (मेंटॉरशिप) भविष्य के परिवर्तनकर्ताओं को प्रेरित करने में एक महत्वपूर्ण भूमिका निभाता है। युवाओं को ऐसे आदर्शों की आवश्यकता होती है, जो नेतृत्व और सेवा के मूल्यों को अपनाते हों। मेंटॉर छात्रों को मार्गदर्शन, समर्थन, और प्रोत्साहन प्रदान कर सकते हैं, जो दुनिया में बदलाव लाने की आकांक्षा रखते

हैं। वे अपने अनुभवों और अंतर्दृष्टियों को साझा करके छात्रों को आगे की चुनौतियों और अवसरों को नेविगेट करने में मदद कर सकते हैं।

भविष्य के परिवर्तनकर्ताओं को प्रेरित करने में शैक्षणिक संस्थानों और समुदायों के भीतर सेवा की संस्कृति बनाना भी शामिल है। इसका अर्थ है उन लोगों के योगदान का मूल्यांकन और मान्यता देना, जो दूसरों की सेवा करते हैं। इसका अर्थ उन व्यक्तियों और संगठनों को संसाधन और समर्थन प्रदान करना भी है, जो दुनिया पर सकारात्मक प्रभाव डालने के लिए काम कर रहे हैं। जब युवा लोग देखते हैं कि सेवा को महत्व और समर्थन दिया जाता है, तो वे इसे जीवन जीने के एक तरीके के रूप में अपनाने की अधिक संभावना रखते हैं।

युवाओं में नेतृत्व और सेवा को बढ़ावा देने के लाभ कई हैं। जो छात्र नेतृत्व और सेवा गतिविधियों में शामिल होते हैं, उनके स्कूल में सफल होने, कॉलेज से स्नातक होने, और सार्थक करियर बनाने की अधिक संभावना होती है। वे अधिक सक्रिय और जुड़े हुए नागरिक बनने, अपना समय स्वेच्छा से देने, और दान कार्यों में योगदान करने की संभावना रखते हैं।

इसके अलावा, नेतृत्व और सेवा का युवाओं के व्यक्तिगत विकास पर गहरा प्रभाव पड़ सकता है। नेतृत्व भूमिकाएँ लेने और दूसरों की सेवा करने से, छात्र आत्मविश्वास, सहानुभूति, और उद्देश्य की भावना विकसित करते हैं। वे टीमवर्क, सहयोग, और सामाजिक जिम्मेदारी के महत्व को भी सीखते हैं। ये कौशल और मूल्य जीवन के सभी पहलुओं में सफलता के लिए आवश्यक हैं, चाहे वह व्यक्तिगत संबंध हों या पेशेवर करियर।

निष्कर्षतः, नेतृत्व और सेवा भविष्य के परिवर्तनकर्ताओं को प्रेरित करने के लिए शक्तिशाली उपकरण हैं। शैक्षणिक संस्थानों और समुदायों के भीतर नेतृत्व और सेवा की संस्कृति को बढ़ावा देकर, हम युवाओं को हमारे विश्व की चुनौतियों का सामना करने और एक अधिक न्यायपूर्ण, समान, और टिकाऊ भविष्य बनाने के लिए सशक्त बना सकते हैं। अगली पीढ़ी के नेता उनकी संपत्ति या शक्ति से

परिभाषित नहीं होंगे, बल्कि दूसरों की सेवा करने और दुनिया पर सकारात्मक प्रभाव डालने की उनकी प्रतिबद्धता से परिभाषित होंगे। युवाओं की नेतृत्व और सेवा क्षमता में निवेश करके, हम सभी के लिए एक उज्जवल भविष्य में निवेश कर रहे हैं।

शिक्षा एक गंतव्य नहीं है; यह विकास और परिवर्तन की आजीवन यात्रा है। आइए हम अपने छात्रों में सीखने के प्रति प्रेम और व्यक्तिगत और नैतिक विकास के प्रति आजीवन प्रतिबद्धता का संचार करें। याद रखें, सबसे मूल्यवान पाठ अक्सर कक्षा के बाहर सीखे जाते हैं।

17

कला और संस्कृति की भूमिका: नैतिक अभिव्यक्ति का पोषण

मानव अनुभव की विविधता में, कला और संस्कृति का गहरा महत्व है। ये समाज के मूल्यों, विश्वासों, और आकांक्षाओं को प्रतिबिंबित करने वाला दर्पण हैं। यह केवल सजावट के साधन या मनोरंजन के स्रोत नहीं हैं; बल्कि यह नैतिक अभिव्यक्ति को पोषित करने, आलोचनात्मक सोच को बढ़ावा देने, और सहानुभूति और करुणा को प्रेरित करने के शक्तिशाली उपकरण हैं। कला और संस्कृति की संभावनाओं को पहचानकर और उनका उपयोग करके, हम एक अधिक नैतिक और सामंजस्यपूर्ण समाज का निर्माण कर सकते हैं।

कला और संस्कृति साहित्य, संगीत, दृश्य कला, रंगमंच, नृत्य, और फिल्म सहित मानव अभिव्यक्तियों की एक विस्तृत श्रृंखला को समेटे हुए हैं। ये रचनात्मक प्रयास जटिल विषयों का पता लगाने, सामाजिक मानदंडों को चुनौती देने, और नैतिक मुद्दों पर संवाद को प्रज्वलित करने के अनूठे तरीके प्रदान करते हैं। ये हमें दूसरों की दृष्टि से दुनिया को देखने और मानव अनुभव की जटिलताओं से जूझने की अनुमति देते हैं।

कला और संस्कृति की एक प्रमुख भूमिका नैतिक अभिव्यक्ति को बढ़ावा देना है। कहानियों, संगीत, और दृश्य अभ्यावेदन के माध्यम से, कलाकार और रचनाकार नैतिक दुविधाओं का पता लगा सकते हैं, सामाजिक अन्याय को चुनौती दे सकते हैं, और सकारात्मक बदलाव के लिए प्रेरित कर सकते हैं। वे हाशिए पर पड़े समूहों को आवाज दे सकते हैं, सामाजिक मुद्दों के प्रति जागरूकता बढ़ा सकते हैं, और समझ और सहानुभूति को बढ़ावा देने वाले संवाद शुरू कर सकते हैं।

उदाहरण के लिए, साहित्य हमें अलग-अलग समय और स्थानों पर ले जा सकता है, हमें विविध दृष्टिकोणों से अवगत करा सकता है और हमारी दुनिया के बारे में धारणाओं को चुनौती दे सकता है। विभिन्न पृष्ठभूमियों के पात्रों और उनकी चुनौतियों की कहानियों को पढ़कर, हम मानव स्थिति की गहरी समझ विकसित कर सकते हैं और उन लोगों के प्रति सहानुभूति बढ़ा सकते हैं, जो हमसे भिन्न हैं।

संगीत, अपनी सार्वभौमिक भाषा के साथ, विभिन्न प्रकार की भावनाओं को जगाने और संस्कृतियों के पार लोगों को जोड़ने की शक्ति रखता है। संगीत के माध्यम से, हम आनंद, दुख, क्रोध, और आशा का अनुभव कर सकते हैं और प्रतिकूल परिस्थितियों का सामना करने में सांत्वना और प्रेरणा पा सकते हैं। संगीत सामाजिक सक्रियता का एक शक्तिशाली उपकरण भी हो सकता है, क्योंकि संगीतकार अपने मंच का उपयोग सामाजिक मुद्दों के प्रति जागरूकता बढ़ाने और बदलाव के लिए वकालत करने के लिए करते हैं।

दृश्य कला, जैसे चित्रकला, मूर्तिकला, और फोटोग्राफी, हमारे चारों ओर की दुनिया की सुंदरता और जटिलता को कैद कर सकती है। वे हमारी धारणाओं को चुनौती दे सकते हैं, विचार को प्रेरित कर सकते हैं, और कार्रवाई के लिए प्रेरित कर सकते हैं। दृश्य कलाकार अपने कार्यों का उपयोग सामाजिक मुद्दों पर टिप्पणी करने, ऐतिहासिक घटनाओं का दस्तावेजीकरण करने, और संवाद और चिंतन के लिए स्थान बनाने के लिए कर सकते हैं।

रंगमंच और नृत्य मानव संबंधों, भावनाओं, और सामाजिक गतिशीलता का पता

लगाने के लिए एक मंच प्रदान करते हैं। प्रदर्शन के माध्यम से, हम दूसरों के संघर्षों और विजय को देख सकते हैं और मानव व्यवहार की जटिलताओं की गहरी समझ प्राप्त कर सकते हैं। रंगमंच और नृत्य का उपयोग रूढ़ियों को चुनौती देने, सामाजिक न्याय को बढ़ावा देने, और सामूहिक कार्रवाई को प्रेरित करने के लिए भी किया जा सकता है।

फिल्म, एक शक्तिशाली कहानी माध्यम के रूप में, एक विशाल दर्शक तक पहुँचने और जनमत को आकार देने की क्षमता रखती है। फिल्में सामाजिक मुद्दों के प्रति जागरूकता बढ़ा सकती हैं, रूढ़ियों को चुनौती दे सकती हैं, और हाशिए पर पड़े समूहों के लिए सहानुभूति को प्रेरित कर सकती हैं। वे नैतिक दुविधाओं पर संवाद को प्रज्वलित कर सकती हैं और दर्शकों को उनके मूल्यों और विश्वासों पर विचार करने के लिए प्रेरित कर सकती हैं।

नैतिक अभिव्यक्ति को बढ़ावा देने के अलावा, कला और संस्कृति आलोचनात्मक सोच कौशल को पोषित करने में भी महत्वपूर्ण भूमिका निभाते हैं। कला और सांस्कृतिक कार्यों के साथ जुड़कर, हमें विभिन्न दृष्टिकोणों और व्याख्याओं की व्याख्या, विश्लेषण, और मूल्यांकन करने के लिए चुनौती दी जाती है। यह आलोचनात्मक जिज्ञासा की प्रक्रिया हमें जटिल मुद्दों की अधिक सूक्ष्म समझ विकसित करने और अपने जीवन और दुनिया के बारे में अधिक सूचित निर्णय लेने में मदद कर सकती है।

इसके अलावा, कला और संस्कृति सहानुभूति और करुणा को प्रेरित कर सकते हैं। दूसरों द्वारा बनाई गई कहानियों, संगीत, और छवियों में खुद को डुबोकर, हम उनके अनुभवों, संघर्षों, और खुशियों की गहरी समझ प्राप्त कर सकते हैं। यह पूर्वाग्रह की बाधाओं को तोड़ने और एक अधिक समावेशी समाज को बढ़ावा देने के लिए जुड़ाव और सहानुभूति की भावना पैदा कर सकता है।

कला और संस्कृति की भूमिका नैतिक अभिव्यक्ति को पोषित करने में केवल औपचारिक सेटिंग्स, जैसे संग्रहालयों और थिएटरों तक सीमित नहीं है। यह हमारे

रोजमर्रा के जीवन में भी पाई जा सकती है, उस संगीत में जो हम सुनते हैं, उन किताबों में जो हम पढ़ते हैं, और उन फिल्मों में जो हम देखते हैं। कला और संस्कृति के सभी रूपों के साथ जुड़कर, हम एक अधिक नैतिक और सहानुभूतिपूर्ण दुनिया का पोषण कर सकते हैं।

निष्कर्षतः, कला और संस्कृति नैतिक अभिव्यक्ति को पोषित करने, आलोचनात्मक सोच को बढ़ावा देने, और सहानुभूति और करुणा को प्रेरित करने में महत्वपूर्ण भूमिका निभाते हैं। कला और संस्कृति की शक्ति को पहचानकर और उनका उपयोग करके, हम एक अधिक न्यायपूर्ण, समान, और सामंजस्यपूर्ण समाज का निर्माण कर सकते हैं।

नैतिकता केवल नियमों का पालन करने के बारे में नहीं है; यह ऐसे विकल्प बनाने के बारे में है, जो हमारे मूल्यों के अनुरूप हों और व्यापक भलाई में योगदान करें। आइए हम अपने छात्रों को ऐसे नैतिक निर्णयकर्ता बनने के लिए सशक्त करें, जो आधुनिक दुनिया की जटिलताओं को ईमानदारी और करुणा के साथ नेविगेट कर सकें। याद रखें, हमारे विकल्प यह परिभाषित करते हैं कि हम कौन हैं और हम किस प्रकार की दुनिया बनाते हैं।

18

मूल्यांकन और आकलन: नैतिक विकास को मापना

मूल्यांकन और आकलन किसी भी शैक्षिक प्रयास में महत्वपूर्ण भूमिका निभाते हैं। हालाँकि, जब ध्यान नैतिक विकास पर केंद्रित होता है, तो पारंपरिक माप विधियाँ अक्सर अपर्याप्त साबित होती हैं। नैतिक विकास, शैक्षणिक उपलब्धियों के विपरीत, मानकीकृत परीक्षणों या अंकों के माध्यम से आसानी से मात्रात्मक नहीं किया जा सकता। यह मूल्यों, विश्वासों, और व्यवहारों की एक जटिल परस्पर क्रिया है, जो समय के साथ विकसित होती है। इसलिए, नैतिक विकास का आकलन और मूल्यांकन करने के लिए एक अधिक सूक्ष्म और समग्र दृष्टिकोण की आवश्यकता होती है, जो नैतिक विकास की बहुआयामी प्रकृति को ध्यान में रखता हो।

पारंपरिक रूप से, शिक्षा प्रणाली ने मानकीकृत परीक्षणों, प्रश्नोत्तरी, और परीक्षाओं के माध्यम से संज्ञानात्मक कौशल और ज्ञान अधिग्रहण के आकलन पर ध्यान केंद्रित किया है। जबकि ये विधियाँ शैक्षणिक दक्षता को मापने के लिए उपयोगी हैं, वे नैतिक विकास की जटिलताओं को पर्याप्त रूप से पकड़ने में सक्षम नहीं हैं। नैतिक विकास एक रैखिक प्रक्रिया नहीं है; इसमें जटिल नैतिक दुविधाओं से जूझना, परस्पर विरोधी मूल्यों को नेविगेट करना, और वास्तविक दुनिया के संदर्भों में निर्णय लेना शामिल है।

नैतिक विकास को प्रभावी ढंग से मापने के लिए, हमें पारंपरिक आकलन विधियों से आगे बढ़ने और एक अधिक व्यापक दृष्टिकोण अपनाने की आवश्यकता है। इसमें केवल यह आकलन करना शामिल नहीं है कि छात्र नैतिकता के बारे में क्या जानते हैं, बल्कि यह भी कि वे अपने जीवन में उस ज्ञान को कैसे लागू करते हैं। इसमें उनके नैतिक तर्क करने की क्षमता, दूसरों के प्रति सहानुभूति, और जटिल परिस्थितियों में नैतिक निर्णय लेने की क्षमता का मूल्यांकन शामिल है।

नैतिक विकास का आकलन करने का एक तरीका आत्म-चिंतन और आत्म-मूल्यांकन है। छात्रों को अपने मूल्यों, विश्वासों, और व्यवहारों पर चिंतन करने के लिए प्रोत्साहित करके, हम उनके नैतिक विकास के बारे में मूल्यवान अंतर्दृष्टि प्राप्त कर सकते हैं। यह जर्नलिंग, चर्चाओं, या संरचित आत्म-मूल्यांकन उपकरणों के माध्यम से किया जा सकता है। आत्म-चिंतन में शामिल होकर, छात्र अपनी नैतिक ताकत और कमजोरियों के प्रति अधिक जागरूक हो सकते हैं और उन क्षेत्रों की पहचान कर सकते हैं, जहाँ उन्हें सुधार की आवश्यकता है।

एक और दृष्टिकोण सहकर्मी मूल्यांकन का उपयोग करना है। इसमें छात्रों से एक-दूसरे के नैतिक व्यवहार और निर्णय लेने का मूल्यांकन करने के लिए कहा जाता है। अपने साथियों को प्रतिक्रिया देकर, छात्र नैतिक सिद्धांतों की गहरी समझ प्राप्त कर सकते हैं और एक-दूसरे के अनुभवों से सीख सकते हैं। सहकर्मी मूल्यांकन एक जिम्मेदारी की भावना को बढ़ावा दे सकता है और छात्रों को उनके अपने नैतिक विकास की जिम्मेदारी लेने के लिए प्रोत्साहित कर सकता है।

आत्म-मूल्यांकन और सहकर्मी मूल्यांकन के अलावा, शिक्षक अवलोकन और विवरणात्मक रिकॉर्ड के माध्यम से नैतिक विकास का आकलन कर सकते हैं। विभिन्न सेटिंग्स में छात्रों का अवलोकन करके, जैसे कि कक्षा, पाठ्येतर गतिविधियाँ, और सामुदायिक सेवा परियोजनाएँ, शिक्षक उनके नैतिक व्यवहार और निर्णय लेने की एक समग्र समझ प्राप्त कर सकते हैं। विवरणात्मक रिकॉर्ड, जो नैतिक व्यवहार या विकास के विशिष्ट उदाहरणों को प्रलेखित करते हैं, समय के साथ छात्र प्रगति के मूल्यवान प्रमाण प्रदान कर सकते हैं।

पोर्टफोलियो भी नैतिक विकास का आकलन करने के लिए एक उपयोगी उपकरण

हो सकता है। अपने नैतिक विकास के कलाकृतियों, जैसे चिंतन, निबंध, और परियोजनाएँ एकत्र करके और क्यूरेट करके, छात्र अपनी प्रगति का एक मूर्त रिकॉर्ड बना सकते हैं। पोर्टफोलियो का उपयोग छात्रों के कार्यों को माता-पिता, शिक्षकों, और संभावित नियोक्ताओं को दिखाने के लिए भी किया जा सकता है, जो नैतिक मूल्यों और सामाजिक जिम्मेदारी के प्रति उनकी प्रतिबद्धता का प्रदर्शन करता है।

इन प्रारूपिक आकलन विधियों के अलावा, संपूर्ण मूल्यांकन का उपयोग किसी पाठ्यक्रम या कार्यक्रम के अंत में नैतिक विकास का मूल्यांकन करने के लिए भी किया जा सकता है। ये आकलन विभिन्न रूप ले सकते हैं, जैसे निबंध, प्रस्तुतियाँ, या अनुकरण। इन्हें वास्तविक दुनिया के परिदृश्यों पर नैतिक सिद्धांतों को लागू करने और सूचित और तर्कसंगत निर्णय लेने की छात्रों की क्षमता का आकलन करने के लिए डिज़ाइन किया जाना चाहिए।

नैतिक विकास का आकलन कक्षा तक सीमित नहीं होना चाहिए। यह समुदाय तक भी विस्तारित होना चाहिए, जहाँ छात्र सेवा सीखने की परियोजनाओं, स्वयंसेवा कार्यों, और नागरिक भागीदारी के अन्य रूपों के माध्यम से अपने नैतिक मूल्यों को प्रदर्शित कर सकें। समुदाय पर उनके प्रभाव का आकलन करके, हम उनके नैतिक विकास की एक अधिक व्यापक समझ प्राप्त कर सकते हैं।

निष्कर्षतः, नैतिक विकास का आकलन और मूल्यांकन एक जटिल और बहुआयामी प्रयास है। इसमें ज्ञान अधिग्रहण पर ध्यान केंद्रित करने वाली पारंपरिक आकलन विधियों से एक बदलाव की आवश्यकता है, एक अधिक समग्र दृष्टिकोण की ओर जो नैतिक विकास की जटिलता को ध्यान में रखता है। आत्म-चिंतन, सहकर्मी मूल्यांकन, अवलोकन, विवरणात्मक रिकॉर्ड, पोर्टफोलियो, और संपूर्ण आकलन को शामिल करके, हम यह समझने में गहराई तक जा सकते हैं कि छात्र नैतिक रूप से कैसे विकसित हो रहे हैं और उन्हें नैतिक परिपक्वता की ओर अपनी यात्रा जारी रखने के लिए आवश्यक प्रतिक्रिया और समर्थन प्रदान कर सकते हैं।

सबसे महत्वपूर्ण पाठ्य पुस्तक में नहीं, बल्कि हमारे आसपास के लोगों के दिलों और दिमाग में पाए जाते हैं। आइए एक ऐसा शिक्षण वातावरण बनाएँ, जहाँ छात्र एक-दूसरे से, अपने शिक्षकों से, और व्यापक समुदाय से सीखें। याद रखें, शिक्षा एक सहयोगात्मक प्रयास है, जिसके लिए सभी हितधारकों की भागीदारी की आवश्यकता होती है।

19

भविष्य की दृष्टि: नैतिक स्कूलों की परिकल्पना

एक ऐसे भविष्य की कल्पना करना, जहाँ नैतिक स्कूल सामान्य हों, केवल एक आदर्शवादी सपना नहीं है, बल्कि हमारे निरंतर विकसित हो रहे समाज में एक आवश्यक आकांक्षा है। नैतिक स्कूल केवल ज्ञान प्रदान करने वाले संस्थान नहीं हैं; वे ऐसे समुदाय हैं जो मूल्यों, चरित्र, और सामाजिक जिम्मेदारी की भावना को पोषित करते हैं। ये ऐसे स्थान हैं जहाँ छात्र आलोचनात्मक रूप से सोचना, करुणा से कार्य करना, और एक अधिक न्यायपूर्ण और समान दुनिया के लिए प्रयास करना सीखते हैं। नैतिकता और मूल्यों की संस्कृति को बढ़ावा देकर, ये स्कूल छात्रों को जिम्मेदार नागरिक, नैतिक नेता, और सकारात्मक परिवर्तन के एजेंट बनने के लिए सशक्त कर सकते हैं।

एक नैतिक स्कूल के केंद्र में एक मजबूत नैतिक दिशा-सूचक होता है। यह दिशा-सूचक किसी एकल नियमों या सिद्धांतों के सेट द्वारा निर्धारित नहीं होता, बल्कि कुछ प्रमुख मूल्यों के प्रति सामूहिक प्रतिबद्धता से उभरता है। ये मूल्य ईमानदारी, सत्यनिष्ठा, सम्मान, करुणा, निष्पक्षता, और सामाजिक जिम्मेदारी जैसे हो सकते हैं। इन मूल्यों को स्कूल के जीवन के हर पहलू में, पाठ्यक्रम डिजाइन से लेकर कक्षा में होने वाली बातचीत और पाठ्येतर गतिविधियों तक, समाहित करके, नैतिक स्कूल एक ऐसा वातावरण बनाते हैं, जहाँ छात्रों को इन मूल्यों का

अनुभव करने और उन्हें अभ्यास में लाने के लिए लगातार प्रेरित किया जाता है।

नैतिक स्कूल यह मानते हैं कि सीखना केवल ज्ञान और कौशल प्राप्त करने के बारे में नहीं है, बल्कि चरित्र और नैतिक तर्क विकसित करने के बारे में भी है। वे पारंपरिक शैक्षणिक विषयों के साथ-साथ नैतिकता की शिक्षा को भी प्राथमिकता देते हैं, यह सुनिश्चित करते हुए कि छात्र जटिल नैतिक दुविधाओं को नेविगेट करने और सूचित निर्णय लेने के उपकरणों से लैस हों। इसमें छात्रों को नैतिक मुद्दों पर चर्चा में भाग लेने, अपने मूल्यों और विश्वासों पर चिंतन करने, और वास्तविक दुनिया के परिदृश्यों में नैतिक निर्णय लेने का अभ्यास करने के अवसर प्रदान करना शामिल है।

एक नैतिक स्कूल एक ऐसा समुदाय भी है, जो विविधता और समावेशन को महत्व देता है। यह पहचानता है कि छात्र विभिन्न पृष्ठभूमियों से आते हैं, उनके पास अलग-अलग अनुभव होते हैं, और वे अलग-अलग विश्वास रखते हैं। इस विविधता को अपनाकर, नैतिक स्कूल विभिन्न दृष्टिकोणों और अनुभवों का एक समृद्ध ताना-बाना बनाते हैं, जो सभी के लिए सीखने के माहौल को समृद्ध करता है। वे सम्मान और समझ की संस्कृति को बढ़ावा देते हैं, जहाँ छात्र मतभेदों की सराहना करना और उन लोगों के साथ सहयोग करना सीखते हैं, जो उनके विचारों से सहमत नहीं हो सकते।

एक नैतिक स्कूल में, शिक्षक केवल प्रशिक्षक नहीं होते, बल्कि मार्गदर्शक और आदर्श भी होते हैं। वे उन मूल्यों को अपनाते हैं, जिन्हें स्कूल अपने छात्रों में स्थापित करना चाहता है, और वे कक्षा का ऐसा वातावरण बनाते हैं, जो सुरक्षित, सहायक, और नैतिक अन्वेषण के लिए अनुकूल हो। शिक्षक छात्रों को प्रश्न पूछने, चुनौती देने, और अपने लिए सोचने के लिए प्रोत्साहित करते हैं। वे छात्रों को अपना नैतिक दिशा-सूचक विकसित करने और जटिल नैतिक मुद्दों के साथ जुड़ने वाले आलोचनात्मक विचारक बनने में मदद करते हैं।

कक्षा के परे, एक नैतिक स्कूल अपने समुदाय तक अपनी पहुँच बढ़ाता है। यह स्थानीय संगठनों, व्यवसायों, और सरकारी एजेंसियों के साथ साझेदारी करता है, ताकि छात्रों को सेवा-आधारित शिक्षण परियोजनाओं में शामिल होने और अपने समुदायों पर सकारात्मक प्रभाव डालने के अवसर प्रदान किए जा सकें। यह न

केवल सामाजिक जिम्मेदारी और नागरिक भागीदारी के मूल्यों को सुदृढ़ करता है, बल्कि छात्रों को वास्तविक दुनिया का अनुभव और उनके समुदायों के सामने आने वाली चुनौतियों की गहरी समझ भी प्रदान करता है।

नैतिक स्कूलों की दृष्टि अपने साथ चुनौतियाँ भी लेकर आती है। एक ऐसी दुनिया में, जो अक्सर व्यक्तिगत उपलब्धि और भौतिक सफलता को प्राथमिकता देती है, नैतिकता और मूल्यों की संस्कृति को बढ़ावा देना कठिन हो सकता है। ऐसे माता-पिता से प्रतिरोध हो सकता है, जो चरित्र विकास के बजाय शैक्षणिक उपलब्धि को प्राथमिकता देते हैं, ऐसे शिक्षक से, जो नैतिक शिक्षाशास्त्र में प्रशिक्षित नहीं हैं, और ऐसे नीति निर्माताओं से, जो मानकीकृत परीक्षण और उत्तरदायित्व उपायों पर ध्यान केंद्रित करते हैं।

हालाँकि, नैतिक स्कूलों के लाभ निस्संदेह हैं। जो छात्र नैतिक स्कूलों में जाते हैं, उनके सामाजिक व्यवहार में शामिल होने, नागरिक गतिविधियों में भाग लेने, और अपने व्यक्तिगत और पेशेवर जीवन में नैतिक चुनाव करने की संभावना अधिक होती है। वे आधुनिक दुनिया की जटिलताओं को नेविगेट करने, मजबूत रिश्ते बनाने, और एक अधिक न्यायपूर्ण और समान समाज में योगदान करने के लिए बेहतर तरीके से सुसज्जित होते हैं।

नैतिक स्कूलों की दृष्टि केवल एक सपना नहीं है, बल्कि एक आवश्यकता है। एक ऐसी दुनिया में, जो तेजी से परस्पर जुड़ी और परस्पर निर्भर हो रही है, नैतिक रूप से सोचने और करुणा और सत्यनिष्ठा के साथ कार्य करने की क्षमता पहले से कहीं अधिक महत्वपूर्ण है। नैतिक स्कूलों में निवेश करके, हम अपने बच्चों, अपने समुदायों, और अपने ग्रह के भविष्य में निवेश कर रहे हैं।

20
सारांश

एक तेजी से बदलती दुनिया में, जहाँ तकनीकी प्रगति, वैश्वीकरण, और जटिल सामाजिक चुनौतियाँ सामने हैं, शिक्षा के लिए एक व्यापक और समग्र दृष्टिकोण की आवश्यकता पहले से कहीं अधिक स्पष्ट हो गई है। यह पुस्तक, "नैतिकता और मूल्य-आधारित शिक्षा: जापान की स्कूल प्रणाली को फिर से परिभाषित करना," जापानी शिक्षा में एक नए दृष्टिकोण की आवश्यकता पर जोर देती है, जो केवल शैक्षणिक उपलब्धियों पर ध्यान केंद्रित करने के बजाय नैतिक मूल्यों, आलोचनात्मक सोच कौशल, और सामाजिक जिम्मेदारी की गहरी भावना से संपन्न व्यक्तियों को विकसित करने पर केंद्रित है।

यह पुस्तक नैतिक शिक्षा के मूल में झाँकने से शुरू होती है, जो केवल अकादमिक उपलब्धियों से परे है। नैतिक शिक्षा का उद्देश्य नैतिक तर्क, सहानुभूति, और अपने और दूसरों के प्रति जिम्मेदारी की भावना को विकसित करना है। यह छात्रों को जटिल नैतिक दुविधाओं का सामना करने, सूचित निर्णय लेने, और एक जुड़ी हुई दुनिया में सार्वजनिक भलाई में योगदान करने के लिए तैयार करती है। जापान में, जहाँ लंबे समय से शैक्षणिक अनुशासन और कठोरता को प्राथमिकता दी गई है, नैतिक मूल्यों को शैक्षणिक गतिविधियों के साथ-साथ पोषित करने की आवश्यकता को मान्यता मिल रही है। इसमें समावेशी और सहायक शिक्षण वातावरण बनाना, पाठ्यक्रम में नैतिक चर्चाओं को शामिल करना, और छात्रों को नैतिक निर्णय लेने और सामाजिक जिम्मेदारी का अभ्यास करने के अवसर प्रदान करना शामिल है।

कक्षा में मूल्यों के महत्व को केवल ब्लैकबोर्ड पर लिखे शब्दों से अधिक के रूप में देखा गया है। ईमानदारी, सम्मान, जिम्मेदारी, करुणा, और निष्पक्षता जैसे मूल्य एक नैतिक दिशा-सूचक प्रदान करते हैं, जो व्यक्तियों को उचित निर्णय लेने और स्वस्थ संबंध बनाने में मार्गदर्शन करते हैं। जापान में "टोकुबेत्सु कात्सुदो" (विशेष गतिविधियाँ) का उद्देश्य चरित्र विकास और सामाजिक कौशल को बढ़ावा देना है, लेकिन प्रवेश परीक्षाओं में सफल होने के दबाव और पारंपरिक मूल्यों के बदलते परिदृश्य जैसे मुद्दों को अनुभवात्मक शिक्षा और प्रौद्योगिकी एकीकरण जैसे नवाचारी दृष्टिकोणों के माध्यम से संबोधित करने की आवश्यकता है।

एक नए पाठ्यक्रम का प्रस्ताव किया गया है, जो ज्ञान के साथ-साथ चरित्र को भी सिखाता है। इसमें यह पुनर्विचार करना शामिल है कि हम क्या और कैसे पढ़ाते हैं, और शिक्षण अनुभव के हर पहलू में चरित्र शिक्षा को शामिल करना। शिक्षक ऐसे मार्गदर्शक बनते हैं, जो छात्रों को उनके मूल्यों, विश्वासों, और पहचान का अन्वेषण करने के लिए प्रेरित करते हैं। सेवा परियोजनाओं, इंटर्नशिप, और सामुदायिक जुड़ाव पहलों के माध्यम से अनुभवात्मक शिक्षा छात्रों को वास्तविक दुनिया के संदर्भों में अपने ज्ञान और कौशल को लागू करने का अवसर प्रदान करती है, जिससे सामाजिक जिम्मेदारी और दुनिया की गहरी समझ को बढ़ावा मिलता है।

पुस्तक प्रतिस्पर्धा से सहयोग की ओर बदलाव पर जोर देती है, स्कूल की संस्कृति को व्यक्तिगत उपलब्धि से कम और टीमवर्क, सहयोग, और आपसी समर्थन पर अधिक केंद्रित करने की बात करती है। सहयोगात्मक शिक्षण वातावरण शैक्षणिक उपलब्धि, आत्म-सम्मान, और सामाजिक कौशल को बेहतर बनाते हैं, जबकि एक अधिक सकारात्मक और समावेशी स्कूल वातावरण को बढ़ावा देते हैं।

वास्तविक दुनिया की चुनौतियों के लिए छात्रों को तैयार करने में नैतिक दुविधाओं को संबोधित करना शामिल है, जहाँ मूल्य टकराते हैं और आसान उत्तर नहीं होते। शिक्षकों को छात्रों को जटिल नैतिक मुद्दों पर चर्चा करने और निर्णय लेने के लिए तैयार करना चाहिए।

पुस्तक यह भी बताती है कि शिक्षक और माता-पिता नैतिक विकास में कैसे योगदान दे सकते हैं। इसके साथ-साथ सामुदायिक संबंध, वैश्विक नागरिकता,

और पर्यावरणीय जिम्मेदारी की भूमिका पर भी प्रकाश डाला गया है।

निष्कर्षतः, नैतिक स्कूल ऐसे समुदाय हैं जो मूल्यों, चरित्र, और सामाजिक जिम्मेदारी की भावना को पोषित करते हैं। ये स्कूल छात्रों को शैक्षणिक विषयों के साथ-साथ नैतिक शिक्षा को प्राथमिकता देते हैं। नैतिक शिक्षा का महत्व न केवल परीक्षण अंकों में मापा जा सकता है, बल्कि उन जीवनों में देखा जा सकता है, जिन्हें यह बदलती है। यह हमारे बच्चों, समुदायों, और ग्रह के भविष्य को आकार देने का वादा करती है।

उद्धरण और संदर्भ

यह पुस्तक व्यापक अनुसंधान और सूक्ष्म विश्लेषण का परिणाम है, जिसमें विभिन्न स्रोतों जैसे अनेक पुस्तकों, विद्वानों के अध्ययन और व्यक्तिगत अनुभवों को सम्मिलित किया गया है। इसके अतिरिक्त, मैंने इस कार्य को संकलित करने के लिए प्रासंगिक जानकारी और आंकड़े जुटाने हेतु विभिन्न वेबसाइटों की भी खोज की है। मैंने प्रस्तुत जानकारी की सटीकता सुनिश्चित करने के लिए हर संभव प्रयास किया है और सभी स्रोतों का विधिपूर्वक उल्लेख किया है ताकि उनके योगदान को सम्मानित किया जा सके।

इन प्रयासों के बावजूद, अनजाने में त्रुटियाँ होने की संभावना बनी रहती है। मैं अपने पाठकों के विचारों को अत्यधिक महत्व देता हूँ और किसी भी ऐसी त्रुटि की पहचान करने और उसे सुधारने के लिए आपके फीडबैक का स्वागत करता हूँ। मैं आपसे आग्रह करता हूँ कि किसी भी प्रकार की विसंगतियों को मेरी जानकारी में लाएँ।

आपका फीडबैक न केवल स्वागत योग्य है बल्कि अत्यावश्यक भी है, क्योंकि यह वर्तमान संस्करण में सुधार लाने और भविष्य के संस्करणों की सामग्री को और बेहतर बनाने में मदद करेगा। मैं अपनी कृतियों में उच्चतम स्तर की सटीकता और विश्वसनीयता बनाए रखने के प्रति प्रतिबद्ध हूँ और आपके समर्थन और समझ के लिए धन्यवाद देता हूँ।

Other Books Of The Author

1. Empowering Minds: A Journey into Women's Self-Discovery and Power
2. The Dynamics of Motivation: Catalyzing Thought into Action
3. Meditation and Mental Well Being: The Path to Inner Peace and Clarity
4. The Psychology of Child Education: Nurturing Future Generations
5. Ethical Enlightenment: A Modern Guide to Living with Integrity
6. Voices of Empowerment: Stories of Women Rising Against Odds
7. Social Psychology in Everyday Life: Understanding Human Connections
8. The Essence of Motivational Speaking: Inspiring Change in Others
9. Balancing Acts: Women, Work, and the Will to Lead
10. Guiding with Grace: Raising Children with Compassion and Awareness
11. The Power of Positive Aging: Embracing Life After Fifty
12. Building Resilient Communities: Social Work in Action
13. The Ethical Educator: Principles for Teaching and Learning
14. Innovative solutions for Social Change: The Role of Social Psychology for crafting a Better World
15. The Ethics of Empathy: A Guide to Ethical Living
16. The Science of Empowering the Self: Navigating Life's Challenges with Psychological Wisdom
17. The Mindful Conscious Leader: Meditation Techniques for Modern Management
18. Pioneering Spirit: Women's Pathways to Leadership and Empowerment
19. Feeling to Healing: The Role of Emotional Intelligence in Child Development
20. Transformative Talks and Words of Inspiration: Insights into

Motivational Oratory

43. Altruistic Alchemy: Transforming Lives Through Giving
44. The Blueprint of Pro-Activeness and Productivity: Crafting Habits for Success
45. The Simplicity with Grounded Wisdom: Embracing Authenticity in a Complex World
46. Secret of Solopreneur's Odyssey: Navigating the Path to Self-Employment
47. Exploring Tapestry of Peace: Global Perspectives on Harmony
48. The Art and Actions of Connection: Mastering Communication for Impact
49. She Governs and at the Helm: Strategies for Political Empowerment
50. Rising Above and Rising with Grace: A Woman's Roadmap to Career Mastery
51. The Effect of Networking & Connectedness: Building Strategic Alliances for Women
52. Beyond his Barriers: Women Thriving in Male-Dominated Fields
53. Secret of Inner Compass: Navigating Life with Intuition
54. Creative & Pro-Active Muses: A Celebration of Women in the Arts
55. Unburdened: The Art of Releasing the Past
56. Amplified Voices: Speeches of Women that Astonished the World
57. Secret of Manifesting Dreams: A Woman's Guide to Intentional Living
58. Ethics and Value Based Education: Reimagining Japan's School System
59. The Moral Compass Curriculum: A Holistic Approach
60. Tech with Heart: Integrating Ethics into Digital Learning
61. Honoring Virtue: Recognizing Ethical Excellence in Education
62. Raising Good Humans: A Guide to Character Development
63. The Spark Within: Nurturing Creativity in Children
64. The Teenager Whisperer: Navigating Adolescence with Grace
65. Igniting a Passion for Learning: Inspiring Lifelong Curiosity
66. The Habit Lab: Cultivating Positive Behaviors in Children

67. Seeds of Empathy: Fostering Compassion in Young Hearts
68. The Reading Revolution: Inspiring a Love of Books in Children
69. The Learning Brain: Unlocking the Secrets of Student Success
70. Teaching for All: Differentiated Instruction Strategies
71. The Time Alchemist: Mastering Time Management for Peak Performance
72. The Resilience Factor: Transforming Setbacks into Stepping Stones
73. The Healing Touch of Nature: An Introduction to Naturopathy
74. Echoes of the Past: Healing Through Past Life Regression
75. The Spiritual Healer's Handbook: Exploring Energy Medicine
76. Crystal Clarity: Unveiling the Power of Gemstones
77. The Dream Weaver's Guide: Decoding the Language of Dreams
78. Emotional Alchemy: Transforming Pain into Power
79. Sonic Serenity: Harnessing Sound for Stress Relief
80. The Entrepreneur's Playbook: Launching Your Business with Confidence
81. Productivity Unleashed: Time Management Strategies for Entrepreneurs
82. The Problem Solver's Toolkit: Creative Solutions for Business Challenges
83. The Future is Now: Emerging Trends in Business
84. The Curious Explorer: A Child's Guide to Scientific Discovery
85. Digital Pioneers: Empowering Kids in the Tech World
86. The Young Philosopher's Guide: Exploring Life's Big Questions
87. Finding Your Voice: Communication Skills for Confident Kids
88. Nature's Playground: A Child's Guide to Outdoor Adventure
89. Growing a Greener Tomorrow: A Guide to Tree Planting & Conservation
90. Driving with Purpose: Ethical Choices on the Road
91. The Healing Touch: Cultivating Compassion in Healthcare
92. Navigating the Digital Landscape: Ethics in the Age of Social Media
93. The Ethical Closet: A Guide to Sustainable Fashion
94. The Mindful Voyager: Sustainable Travel Practices

Contact

Dr. Minakshi Bansal
Social Activist
Ahmedabad, Gujarat, Bharat
dhanyamfoundation@gmail.com

|| LOKAHA SAMASTHAHA SUKHINO BHAVANTU ||